自 强——梅花香自苦寒来

雷大艳　编著

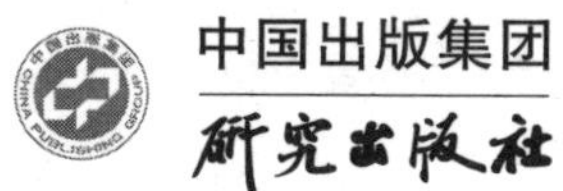

图书在版编目（CIP）数据

自 强：梅花香自苦寒来 / 雷大艳 编著 . — 北京：研究出版社，2010.4

ISBN 978-7-80168-561-2

Ⅰ . ①自… Ⅱ . ①雷… Ⅲ . ①成功心理学 – 青少年读物 Ⅳ . ① B848. 4-49

中国版本图书馆 CIP 数据核字（2010）第 047658 号

责任编辑：张 璐 孙晓萌

自强——梅花香自苦寒来

作 者：雷大艳 编著
出版发行：研究出版社
地 址：北京市朝阳区安定门外安华里 504 号 A 座（100011）
电 话：010-64217619 64217612（发行中心）
网 址：www.yanjiuchubanshe.com
经 销：新华书店
印 刷：三河市同力彩印有限公司
版 次：2010 年 4 月第 1 版 2020 年 1 月第 2 次印刷
开 本：787mm × 1092mm 1/16
印 张：15.75
字 数：200 千字
书 号：ISBN 978-7-80168-561-2
定 价：30.00 元

前 序

自强人生，勤奋努力来打造

古今中外，多少成功人士打开成功大门的钥匙就是两个字——勤奋。“成功就是百分之九十九的勤奋加上百分之一的天资。”的确，许许多多有成就的人，他们都是因为勤奋才从众人中脱颖而出的。法国作.家福楼拜，他的窗口面对塞纳河，由于他经常勤奋钻研，通宵达旦，夜间航船的人们常把它当作航标灯；漠泊桑从20岁开始写作，到30岁才写出第一篇短篇小说《羊脂球》，在他的房间里可以看到草稿纸已有书桌那么高了。“勤能补拙是良训，一分辛劳一分才。”无论做什么事情，只要肯努力奋斗，就有可能成功；自强亦是如此，只要我们勤奋地去付出，去努力，我们就能够真正地自强起来。黄来女的事迹就是一个很好的证明。

黄来女是武汉大学计算机学院的一名学生，她“背着父亲上大学，孝女撑起一片天”的感人事迹，让无数人都记住了她的微笑，她的坦然，她的坚强。

在上大学期间，黄来女挑起了照顾父亲、坚持学习的重担，用意志和行动挽救着父亲的生命。黄来女每天不仅要在学校与医院之间奔波，而且还要坚持两份家教与校内勤工助学工作，以维持基本生活。但就是在这样的情况下，她仍保持着学习成绩名列前茅，顺利通过了国家英语四级和六级考试，荣获国家奖学金，加入了中国共产党，并以优异的成绩保送武汉大学计算机应用专业硕士研究生。黄来女怀着一颗真诚而感恩的心，勤奋学习、乐观生活、呵护家人、自强自立，无疑是我们当代青少年勤奋学习、自强自立的真实典范！

青少年一定要坚持自己的梦想，并为之付出努力，辛勤地耕耘，直至梦

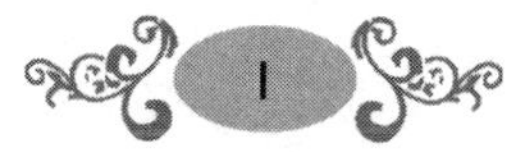

想开花结果。虽然在实现梦想、走向自强的道路上，我们难免会遇到挫折、打击、困难甚至失败，但艰难困苦对生活的强者来说犹如通向成功之路的层层阶梯！其实，通往月标的历程遭遇挫折并不可怕，可怕的是在挫折打击面前，没有一种积极乐观的心态，什么都不做，只一味地抱怨。所以，在自强的道路上，青少年一定要始终保持一颗积极、乐观、向上的心！

自强是青少年努力向上，对美好未来的无限憧憬和不懈追求；自强是青少年在命运之风暴中奋斗的汲汲动力，是在残酷现实中拼搏的中流砥柱；自强是青少年困难面前压不倒，厄运面前不低头，危险面前无所惧的亮丽操守。

在奔向自强的道路上，你并不是孤立的，许多先贤名人已经在前方为你点亮了路上的灯。在本书——《自强—— 梅花香自苦寒来》 里，你可以借鉴名人自强自立的经验，学习他们刻苦努力的精神。相信，他们的智慧一定能成为点燃你自强人生的火把！

不要枉费生命了！你就是自己命运的主宰，是自己灵魂的船长！如果自己想立志做成一件事，你就要相信自己一定做得到，并为它勤奋努力吧！不管你现在的处境是多么地恶劣，或者客观条件有多么的糟糕，只要你保持对生活的激情和高昂的斗志，保持坚定的目标和坚强的毅力，脚踏实地地走下去，你就会逐渐变得自强起来，你的理想和抱负才会实现！

编　者

前言

Preface

《周易·乾》:“天行健， 君子以自强不息。”我们的社会在不断地变化更迭着，而自强不息的精神古往今来却一直被人们传继和发展着。自强是支持着中国人自立于世界民族之林的一种精神，是流淌在中华民族文明血管中生生不息的血液，是中国人民代代相传的传世之宝。而一－个人要想真正地自强起来，关键就在于不断地努力、奋斗和拼搏。

“习惯形成性格，性格决定命运”，自强的人生是需要从生活中点点滴滴的小事做起的。比如青少年要从小养成独立自主的习惯，自己的事情自己做，不依赖他人；今日事，今日毕，做事不拖沓；珍惜时间，有较强的时间观念；要有顽强的意志力，不轻言放....养成这些习惯，是一个人真正自强起来的根本。

梦想是前进的动力。青少年可以没有经验，但不可以没有梦想。梦想最大的意义就是它能给我们一个方向，一个目标。梦想使人伟大，而人的伟大就在于把梦想作为目标执着地去追求！如果只把梦想当作梦，那么这样的人生可以说是没有什么亮点的。所以， 有梦想很重要，但梦想绝对不能只是空谈，否则，所谓的梦想只能叫幻想，一个人更不可能就这样自强起来。

我们每个人或多或少都有缺点和不足，或自卑，或害羞，或脾气不好，

或易嫉……毕竟“金无足赤，人无完人”。但是，要想实现自强人生，就要敢于向这些坏毛病挑战，战胜自我。不要以为这些缺点就是天生的，只要我们有激流勇进的决心，勇于挑战自己的不足，我们就可以让自己做得更好。

我们常说，“学无止境”，学习不只是青少年时代应该做的事，而是每个人一生都要坚持去做的事，正所谓“活到老，学到老”。所以任何时候，我们都不能放弃学习。青少年正处于人生学习知识的黄金时段，应抓住这一大好时光，努力学习各种知识，以便为美好的将来扎根打基。

坚持就是胜利，完善方能卓越。对于个人来说，自强就是要毫无保留地把自己的力量、知识和才能全部倾注到自己所做的事情上去，从而使自己更强。在自强人生的道路上，唯有坚持到底，才能修成正果；而只有不断完善自我，才能让自己更强、更加完美！

实现自强人生的道路是艰苦的，但谁会愿意在碌碌无为中度过一生呢？相信本书—《自 强— 梅花香自苦寒来》，一定可以帮助青少年在人生之路上，在平凡中奋起，变得敢于迎难而上、挑战自我，拥有一个真正自强的人生！

Contents 目录

“习惯形成性格，性格决定命运。”青少年在学习和生活中要养成良好的习惯，学会自理自立，才能让自己自强起来。而良好习惯的培养也是一个简单的过程，它是要求青少年在生活中要从点点滴滴做起，习惯若不是最好的仆人，便是最差的主人。因此，青少年要从生活的细节做起，养成一个个让自己更自强的好习惯。

“梦想是一个人前进的动力。”一个人只有拥有自己的梦想，才能清楚地规划自己的未来。梦想，会给你带来勇气，帮助你跨越一个又一个困难，最终实现你的愿望。因此，放飞梦想，让它为你的自强人生指路领航吧！

青少年是为理想而奋斗的，而要想实现理想就必须通过实践。一位寓言家说得好："理想是彼岸，现实是此岸，中间隔着湍急的河流，而实践就是架在两岸的桥梁。"青少年需要一份艰苦奋斗的信念，并使这种信念不断得到实践，只有这样，才能一步步迈向理想的殿堂。

生活中遇到挫折时，我们要以一种坦然的心态去面对。人不能改变过去，但可以改变现在；人不能改变别人，但可以改变自己；人不能改变环境，但

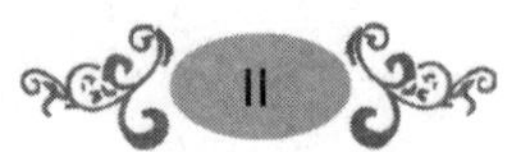

可以改变自己的态度。脚踏实地地努力奋斗，对遇到的挫折“一笑而过”，拥有良好的心态，这样，你才可能拥有一个自强的人生。

青少年在生活中难免会遇到来自外界或是自己的压力，还有焦虑、紧张、抑郁等不良的情绪。这些情绪往往会给学习和生活带来很大的困扰，甚至不良影响。因此，青少年要如何克服这些困扰显得尤其重要。青少年要想真正赢得自强人生，就要有急流勇进的勇气，要敢于挑战自己并战胜自己的不良情绪。

古人曾说过：“以铜为鉴，可正衣冠；以史为鉴，可知兴衰；以人为鉴，可知得失。”在许多成功的人身上，你可以看到成功的智慧、做人的学问、生命的精彩。这些都值得我们思考和学习。看名人的故事，品名人的智慧，学习名人的经验，你就会像名人一样成功。

在当今飞速发展的社会里，如果想使自己有立足之地，获得成功，最好的途径就是不断学习，掌握知识，用知识来武装自己。中学时期是学习知识的大好时光，青少年切不可虚度这有限的时间，而应好好利用，不断学习更多的知识，为自己的将来打好基础。

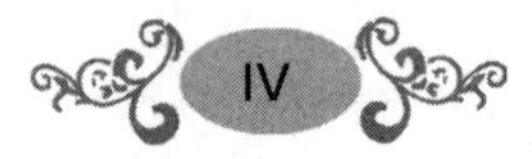

“宝剑锋从磨砺出，梅花香自苦寒来。”每一个人都有自己的理想，而这些理想都是要靠辛勤耕耘来实现的。当然，勤奋并不意味着蛮干，而是要在刻苦学习的基础上合理安排时间并掌握好的学习方法，这样，学习才有效率。“天道酬勤”，只有用自己辛勤的努力去耕耘，才能开拓出自强的人生。

“锲而舍之，朽木不折；锲而不舍，金石可镂。”这是一句大家都知道的古训。在充满挑战的现代社会，很多青少年稍遇挫折就轻言放弃，最终也只能在不断放弃中自我迷失而一无所获。“精诚所至，金石为开。”只有坚持自己的选择，永不言弃，才能在生活的磨砺下变得更强。

良好的品格是人生的指南针。学会自尊、自强、节俭、忍耐等优秀品格，可以让你变成一个受欢迎的人；同时，它也会让你的生活更充实、更有色彩，你的未来，也必将因为你优异的品格而步入坦途，并一步步变得更强！

独立自主，用习惯打造自强人生

“习惯形成性格，性格决定命运。”青少年在学习和生活中要养成良好的习惯，学会自理自立，才能让自己自强起来。面良好习惯的培养也是一个简单的过程，它是要求青少年在生活中要从点点滴滴做起，习惯若不是最好的仆人，便是最差的主人。因此，青少年要从生活的细节做起，养成一个个让自己更自强的好习惯。

1 学会自立，不依赖他人

易卜生曾经说过：“世界上最坚强的人就是独立的人。”这话很有道理，因为只有自立的个人才会有所作为，只有自立的国家才会不受欺负，实现繁荣富强。陶行知先生也说过：“滴自己的汗，吃自己的饭，靠人、靠天、靠祖上，不算好汉。”这些无疑说明了人要学会自立，更要懂得如何自立。

青少年阶段是人生中一个重要的过渡阶段，在这一阶段，青少年面临着长大和成熟。这一时期，许多事情都要他们自己来解决、自己来面对。所以不能事事都依赖他人，因为不懂得自立的人必然会被社会淘汰。

§自立才能生存

众所周知，大自然遵循“适者生存”的法则。只有很好掌握了生存法则的人，才能比较迅速地适应环境。

小鹰的生长史能给青少年们带来这方面的启发：

小鹰成长为雄鹰是一件十分残酷的事情。鹰妈妈给了小鹰第一次生命，然而第二次第三次生命却要靠小鹰自己争取回来，因为在鹰家族中，每一只小鹰要成长为雄鹰，都必须经历多次“鬼门关”，过了这些坎坎儿，才能获得重生；一旦不能自立，将会被淘汰，这是鹰妈妈也无能为力的。小鹰的第一次脱毛，是它们的第一道坎儿。这道坎儿完全是凭借着小鹰自己的意志力去与生命抗衡的。在这激烈抗衡的过程中，那些不能自立、没有毅力的小鹰就将被死神带走，而那些具有顽强毅力、能在离开妈妈的呵护下而自立的小鹰才能生存下来。每一只小鹰都必须学会展翅高飞，这也是它们得以生存的必然要求。

小鹰在练习的时候必须要具备咱立自强的坚韧意志，否则在历练时，尤其是鹰妈妈要把小鹰推下山崖之时就难保生存。人类亦然，自强

至关重要。

山东济南市的一位母亲，有一次她的儿子上街迷了路，这位母亲找了很久才找到。她看着儿子说："妈再也不让你出门了。"从此以后，她的儿子不能上学，就连吃饭、洗脸也只能在床上，母亲所有的事都不让儿子干。现在她的儿子有30多岁了，但是智力还相当于7岁的孩子，根本无法自立。这个案例无疑说明了自立自强的重要性，缺乏此类特质的人在社会生活中必然无法立足。

党的高级干部张闻天也极重视自立自强的作用，他对儿子的教育十分严格，不愿儿子因为父亲的地位产生虚荣心和依赖思想。就连他死后，也把遗嘱上的4万元，作为党费交给党组织，丝毫没给儿子。因为他明白让孩子学会自立就是最好的遗产。自立不仅可以促使一个人走向成功，同样也可以促进一个国家繁荣富强，青少年要谨记于心。

§向自立者学习，不做"啃老族"

张海迪无疑是一个自立自强的典范。她虽然一生轮椅相伴，不能"步足千里"，却可以"阅览天下"。她在没有老师指导的情况下，凭着顽强的毅力学会了三门外语。这对于一般人来说都是一件很不容易的事情，然而，张海迪却凭着自立、自强的精神做到了。不仅如此，她在文学创作方面也有显著成就。在她的作品中，我们可以很明显地看出她那种自强不息和自立的性格。如果她不是一个自立的人，因自己是残疾人而依赖别人，或依靠父母，这样她会有今天的辉煌成就吗？而拥有优越条件的青少年们，是不是应该珍惜你们先天的"外因"优势，努力发愤图强呢?

另外，青少年要坚决摒弃依赖思想。在当今我们这个社会上，有一些人就是拥有极大依赖思想的人，他们被称为"啃老族"，大啃社会，小啃父母，整天游手好闲。这些游手好闲的人，他们大事做不来，小事又不愿做，整天无所事事，这样的人极其缺乏自立精神，他们不能独立生存，要靠父母或社会支援。然而父母不能照看其一辈子，别人的支援也是有限的，只有自己的本领才是无限的。这样的人必将被社会所淘汰。青少年要引以为戒。

对于青少年来说，必须学会自立、学会自强，不要成为别人的包袱。然而，要想不成为别人的包袱，不被社会所淘汰，就必须从小学会自立。小时候幼儿园老师就告诉过每一位小朋友“自己的事情自己做”，到现在，我们都已长大，就更应该自强、自立、努力学习，争做社会的有用人。

2 今日事，今日毕

常言道：今日事，今日毕。在这个竞争激烈的年代，时间就是效率，抓住今天，才不丢失明天。今日事今日毕，勇于向今天献出自己，明天才会受益无穷。

本杰明·富兰克林曾说过：“今天可以做完的事，一定不要拖到明天。”如果我们时时抓住“现在”，那么我们就能完成许多事情；反之，如果常想“明天”或“将来什么时候”，那么我们就会一事无成。

§今日之事不可往后拖

张海迪五岁那年不幸患上了脊髓病，从此她便不能像常人那样走动，无论做什么事情都只能在轮椅上进行。不久，她做了一次手术，手术后她只能一动不动躺在床上，可她仍然刻苦学习知识，她从镜子里面看书。就这样，她自学了小学、中学的课本，后来又开始自学英语。她对自己要求严格，因此进步很快。渐渐地，她开始替有关部门翻译英语资料。有一次，她翻译了《海边诊所》。当张海迪捧着厚厚的翻译稿来到出版社时，老编辑被她深深地感动了。张海迪给自己立下一个规定：

每天背熟10个单词，如果背不全，就狠狠地咬几下自己的手指。无论如何，绝不把今日未完成的任务拖到第二天。

在张海迪的事迹中，我们可以看出“今日事，今日毕”对成才的巨大作用，我们也应该学习张海迪的这种做事精神。

从古至今，多少成功者都以“今日事，今日毕”为行动准则，他们对时间十分重视。可是现在在我们的生活中，有的人做事总是拖拖拉拉，今天的事情总是拖到明天去做，甚至拖得更久。有些人遇到一些挫折，就闷闷不乐的，他们不知道，只有经受住严峻的考验，并且对自己充满信心，才能走向成功。而他们的失败很大原因就是因为他们做事效率太低。

“时间就是金钱”，虽然它不能用金钱来具体衡量，但因其“有限”的特征使之对每个人而言都极具重要性。时间一去不复返，但很遗憾的是，许多人对它的利用却很差。他们花费宝贵的时间嗜睡、狂饮和游玩。而他们并没有意识到浪费时间就是浪费生命。他们总是后悔到目前还没有所作为和建树。因此，我们应该养成珍惜时间的习惯。“今日事，今日毕”，万不可放任你的懒惰，否则不仅无法成功地实现努力目标，还会使自己陷入无可挽回的糟糕境地。

§ 如何做到今日事，今日毕

青少年想要成功，确立目标和计划很重要。当它们都确立以后，关键就是行动。我们要行动起来，从我做起，从现在做起。今天的事一定不要拖到明天。具体要求如下：

1. 明确自己的学习目标；

2. 规划自己每天、每周、每月必须要完成的学习任务和必须做的事；

3. 讲究学习方法，将要做的事细分，制定标准、要求与流程；

4. 对要做的事或学习任务进行监督，监督数量、质量、完成时间；

5. 边做边学边记录、总结、分析，让自己进入更好的良性学习循环中，不断提升自我综合能力；

6. 古人云：“三人行必有我师。”青少年要积极地与其他同学、老

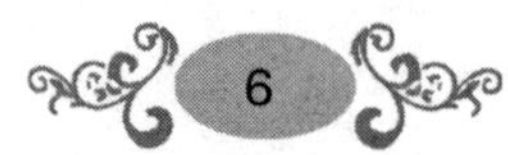

师、家长沟通，这是提高自己的方法之一，同时也能让自己及时地发现问题，改正之以取得进步；

7. 一定要懂得统计分析，这样才能知道自己所做的是在进步还是退步，才能发现漏洞或不足，才能对症下药，才能更好地解决问题。

主张“今日事，今日毕”，简单来说就是把今天应该做的事做完。不要把事情都推到明天去做，因为明天还有明天的事。而你也无法预知明天又会有什么样的干扰。要抓住今天，珍惜现在拥有的每一分钟，尽可能少依赖明天。如果今天的事今天没做完，拖到以后去做很有可能给自己带来麻烦。青少年朋友如果在学习中没有做到“今日事，今日毕”，不但会影响到自己，也很有可能会耽误他人。

3 珍惜时间

高尔基有一段话为人们所熟知：“时间是最公平的，它从不多给谁一分，勤劳者能叫时间留下串串果实，懒惰者只能让它给他们一头白发，两手空空。”是的，珍惜时间，就是靠你自己精心地去挤、去偷。也正如鲁迅先生所言：“时间就像海绵里的水，只要愿挤，总还是会有的。”

对一个人来说，时间就是生命。时间是有限的，当失去它时，生命也就走到了尽头。难道你想把它当作日历一天天撕去，到最后只留下一个生了锈的日历夹吗？人活着是要实现价值的。如果一个人在一生中不断完成有意义的事，那么他的价值就会体现出来。做的事情越多，做得越好，生命的价值就越大；反之，那些不断浪费时间的人，其生命价值微乎其微。

§ 珍惜时间的重要性

有这样一个故事，在非洲的某个国家，小孩刚生下来即可获得60岁的寿限，以后每长一岁寿限减去一年，60年过完，他就获得自由，享受退休养老等各种条件。他们这种计算年龄的方法很好，能够让人真正认识到人的生命是有限的，过一天少一天，过一年少一年，由不得你虚度年华、挥霍浪费，随着时间的推移让你真切感受到其有限，从而倍加珍惜。

时间一旦走过便再无回来的可能。我们虽然不能让时间停留，但是却可以充分利用每一分每一秒。东汉文学家崔瑗官至济北相。当他40多岁任郡吏时，不幸因事被捕入狱。当他听说有位狱吏精通《礼》学，便抓紧一切时间向他学习；即使在被狱吏审讯时，他也趁机请教有关问题。他这种珍惜时间的精神，给我们每个人都树立了榜样。

时间构成了一个人生命的全程，相同的时间，那些善于合理利用的人往往能比别人做更多的事情。美国的大发明家爱迪生一生忘我工作，共完成了200多项发明，成了发明大王。在他79岁生日时，自豪地宣布："按常人的工作量计算，我已经135岁了。"青少年们要学习爱迪生的用时态度，认真完善自己的时间观念。

生命有限，善用时间者却可获永生。人生在世能有多长呢？从生到死，屈指可数。对于过去的每一天，我们都要清楚，它是不可能再来了。因此，当每一天来临之时，我们要懂得去珍惜，懂得去把握。这样才可能使你的人生变得更加有价值。你的努力是在争取自己人生的价值，而人生的价值是从每一分每一秒的珍惜而积累起来的。可能知道这个道理的人很多，但做到的很少，大部分人的时间都是在无聊中度过的。青少年时期的时间尤为重要，万不可浪费。

懂得珍惜时间者，懂得如何计算并安排好每分每秒，他们深知这样一个规律：时间是由分秒积累而成的，你不懂得去珍惜每一分每一秒，那么就是说你也不懂得珍惜人生中的时间，那么很可能你也只是在无聊中度过而已。

没有人愿意为打翻的牛奶哭泣，更没有人愿意为浪费掉的时间而扼

腕。如果你不想使自己后悔，那么现在，你就应该懂得去珍惜时间。前人曾说过珍惜时间就是在珍惜生命。人活于世，没有理由不去珍惜时间，没有理由去虚度时间。我们应该充分利用好每一分每一秒的时间。这样才不枉来世一遭。

时间的步伐不会为任何人停下，如果你要去追赶的话，那么你就要珍惜时间。要不然，一旦它离去，你便再无机会。由于时日的变迁，时间的成分越发变得珍贵。毕竟，我们所走的每一段路，其铺就的主要成分都少不了时间，我们要懂得去珍惜且坚决杜绝浪费行为。

有这么一句话："时间最不偏私，给任何人一天都是二十四小时；时间也最偏私，给任何人一天都不是二十四小时。"这句看似自相矛盾的话其实很有道理。我们都知道一天有二十四小时，这是时间的公平之处。那为什么时间又是偏私的呢？因为这些人随意浪费时间，任凭时间飞快地流逝，一天一事无成。他抛弃了时间，时间也抛弃了他。因此，他的二十四小时是短暂的。而有些人合理安排时间，珍惜时间，不虚度时光，利用时间做一些有意义的事情，并且达到了事半功倍的效果。可以这么说：赢得了时间，就赢得了一切。青少年一定要积极把握学习的黄金时间，主动进行自我完善。

"少壮不努力，老大徒伤悲。"这句老话说给青少年来听再合适不过。它说明了一个道理：人年轻时不珍惜大好时光，到老了就只能白白地叹息。如果你从青少年的时候就努力学习，那你就赢得了时间，也就赢得了一切，也不会在年老时因碌碌无为而感到悲伤。

§ 珍惜时间不单是拼命学习、工作

对于"珍惜时间"这四个字，许多人会觉得很有压力，大家的惯性思维容易将之看作"珍惜时间就是珍惜学习的机会、努力工作的机会，在有生之年丰富充实自己，用知识武装自己的头脑，再用武装好的头脑去创造金钱、地位，来实现一个人的人生价值"。

这样的观点其实无可厚非，也是值得肯定的。不过珍惜时间还有着更博大而广义的范围。

千里相聚之时，和亲友守在一起，可以暂时放下一切，包括学习、

工作等，而珍惜这仅有的相聚时刻。很多人认为这是对时间的浪费，其实此刻的这份心境、这份美丽，不是随处可见、随时可拥有的。也许错过此刻，世事变迁、人生无常，就再也无法找回这一份心境与机会了。

趁着假期闲暇，珍惜不多得的游山玩水的时间和那份悠闲的心情；趁着身强体健，给自己一次奢侈的机会，点自己想吃而平时舍不得吃的东西，慢品细嚼一顿晚餐，等等。其实，这也是珍惜时间、热爱生活的表现。如果一味片面地“珍惜”时间而使健康受损，之后就会浪费掉更多的时间，这样是得不偿失的。

对于青少年而言，正处于身体成长的关键时期，适当的放松对健康非常有益。如果身体累了就去听听音乐或是闭目养神，而天马行空地去神思遐游一番也会是快乐的。也许有人会认为这是“小我”的珍惜，可是没有这“小我”，哪来“大我”？在享受的过程中，会获得点点滴滴的积累，积累的便是健康、智慧、美丽的心境等，它们有利于我们心情愉快、神清气爽、精神饱满地投入学习与创造中，取得更大的收获，能让我们最大限度地展现自我和创造生命的价值。

与之相反，那些不懂得珍惜健康、不懂得享受生活的人，他们过于压抑自己，提前透支健康，点滴挤压直至最后造成生命的透支，又何谈学习和做事呢？知识是学不完的，事情是做不完的，而人的精力、体力是有限的，生命是有限的。我们幸运地来到人世，除了要创造价值外，还要学会体验价值之外的东西；除了要完成自己的使命、尽到自己的责任，还要学会享受快乐、自由和轻松，这也是要完成的人生使命。

综上所述，珍惜时间，不只是拼命工作、拼命学习，还要享受生活，善待自己。青少年尤其要如此。

珍惜时间也要有正确的方法，有些人虽然知道应珍惜时间，却不知如何去做。有些人以为每天都不断地往脑子里填许多知识，就是珍惜时间；有些人以为把一天的时间都塞满事情，无论事情是否有意义，就是珍惜时间；也有些人以为从早到晚一心一意忙着票子、房子、位子、车子，就是珍惜时间……这些都错了，珍惜时间不是整天都忙碌地去学习、工作，不是去干些毫无意义的事情，更不是视庸俗为潮流，视利己

为高尚，而是抓紧时间努力学习，造福于民，让你的每一分每一秒都发挥作用，这才是珍惜时间的最终目的。

4 做事有计划

做事没有计划、没有条理的人，无论从事哪一行都不可能取得成绩。事实上，做事有计划对于一个人来说，不仅是一种做事习惯，更是一种做事态度，是能否取得成就的重要因素。对于青少年来说，如果做事一直没有计划，将影响到其未来踏入社会的发展。

人们似乎总是在忙碌着，每时每刻。但有的时候，我们虽在忙碌，效率却很低。大多数情况下其实是心里忙乱，做着这件事情，想着其他事情，总觉得有好多事情要做。每件事都想做，每件事都无法认真做好，因为无法安心做好每一件事。那么，与其做不好每一件事情，还不如静下心来，认真去做一件事。做事之前先好好规划：要知道先做什么，后做什么。这是一个良好的习惯，并且也是一种考虑问题的逻辑和方法。当你在遇事慌张时，一定要保持清醒的头脑，一定不能自乱阵脚。先把问题分析清楚，没有必要快速给出结论和答复；也可以先找一个地方，让自己先静一静。把握事情的根源，有条有理，才能最终各个击破。

§ 做事要有计划

有本杂志上刊登过这么一个故事：

在一个小镇上，有一个做了十几年生意的商人，他的事业一直发展得不温不火。然而到了后来，他竟然失败了。当一位债主跑来向他要债的时候，这位可怜的商人正在思考他失败的原因。

商人问债主："我为什么会失败呢？难道是我对顾客不热情、不客气吗？"

债主说："也许事情并没有你想象得那么可怕，你不是还有许多资产吗？你完全可以再从头做起！"

"什么？再从头做起？"商人有些生气。

"是的，你应该把你目前经营的情况列在一张资产负债表上，好好清算一下，然后再从头做起。"债主好意劝道。

"你的意思是要我把所有的资产和负债项目详细核算一下，列出一张表格吗？是要把门面、地板、桌椅、橱柜、窗户都重新洗刷、油漆一下，重新开张吗？"商人有些纳闷儿。

"是的，你现在最需要的就是按你的计划去办事。"债主坚定地说道。

"事实上，这些事情我早在15年前就想做了，但是一直没有去做。也许你说的是对的。"商人喃喃自语道。后来，他确实按债主的主意去做了。在晚年的时候，他的生意成功了。

如果一个人做事没有计划、缺少条理，那么无论他从事哪一行都不可能取得成绩。企业的发展亦然，一个在商界颇有名气的经纪人把"做事没有条理"列为许多公司失败的原因之一。对青少年来说，如果学习没有计划，只知道埋头苦学，那么想取得好成绩就会很难。

事实上，做事有计划不仅是一个人做事的习惯，更能够反映出其做事的态度，它是一个人能否取得成就的重要因素。

§做事如何有计划

俗话说，一日之计在于晨。每日早上，青少年先不要忙于学习，想一想，今天需要做什么，昨天还有哪些事情没完成，形成今天的计划，按计划有条不紊地做好每一件事情，分清轻重缓急，哪些先做，哪些可以缓一缓。这样就不致忙乱，甚至还会有时间活动一下。具体要求如下：

1. 做任何事情之前，都要考虑清楚，养成事前先分析的习惯；

2. 做什么事情都要谨记"有序"要则，自己先在心里面想好第一步要做什么，第二步要做什么，依此类推；

3. 要牢记两个公式：计划≠方案；希望≈计划。如果做每件事情

前都先提一套方案，那么做任何事情成功的概率都不会低。

永远不要把你今天可以做的事留到明天做，延宕是偷光阴的贼。

——狄更斯

要学会强迫自己天天读书，不要把今天的工作搁到明天。今天丢弃的东西，明天怎么也补不上了。

——苏霍姆林斯基

敏捷而有效率地工作，就要善于安排工作的次序、分配时间和选择要点。只是要注意这种分配不可过于细密琐碎，善于选择要点就意味着节约时间，而不得要领地瞎忙等于乱放空炮。

——培根

5 尊重他人

尊重就像一个善解人意的小姑娘，她透明的微笑叫理解，她淳朴的心灵叫高尚；尊重又像一位德高望重的学者，饱含待人处世的智慧，尽显人格操守的高贵。

尊重犹如一朵花，一朵开在每个人心间的花；尊重犹如一条路，一条通往美好之境的路；尊重犹如一团火，一团温暖你我心灵的火。

§ 什么是尊重

当你在生命长途之中跋涉，会有朋友鼓励的目光关注着你、给你力量，那是尊重；当你遭遇人生的挫折，老师温暖的双手紧握着你，那是尊重；当你拾起马路上的垃圾，路人赞许的微笑感染着你，那是尊重；当你懊悔曾经的过失，父母会以宽容和理解来给你安慰，那也是尊重。

尊重是暖人心灵的清风，是让你感到踏实的舒心丸，是一剂催人奋进的强心针。它常常与真诚、谦逊、宽容、赞赏、善良、友爱相得益彰，与虚伪、狂妄、苛刻、嘲讽、凶恶、势利水火不容。给成功的人以

尊重，表明自己对别人成功的敬佩、赞美与追求；给失败的人以尊重，表明自己对别人失败后的东山再起充满信心。青少年要学着拥有这种优秀品质。

尊重能够表现出一个人的品格，尊重他人者对人不卑不亢、不俯不仰、平等相待，对他人人格与价值能够给予充分肯定。任何人不可能尽善尽美、完美无缺，我们没有理由以高山仰止的目光去审视别人，也没有资格用不屑一顾的神情去嘲笑他人。假如别人某些方面不如自己，我们不要用傲慢和不敬的话去伤害别人的自尊；假如自己某些方面不如别人，我们也不必以自卑或嫉妒去代替应有的尊重。懂得尊重他人者，他人也必会以尊重回赠之。

§尊重他人的力量

在美国，一个靠摆地摊为生的年轻人，正当他在寒风中缩着身子啃着发霉的面包时，当地颇有名望的一个富商恰巧散步经过他身旁。富商怜悯地将8美元塞到年轻人手中，头也不回地走了。没走多远，富商忽又返回，从地摊上捡了两本旧书，并说："对不起，我忘了取书。其实，您和我一样也是商人！"两年后，富商应邀参加一个慈善募捐会时，一位年轻书商紧握着他的手，感激地说："我一直以为我这一生只有摆摊乞讨的命运，直到你亲口对我说，我和你一样都是商人，这才使我树立了自尊和自信，从而创造了今天的业绩……"

不难想象，没有那一句尊重鼓励的话，这位富商当初即使给年轻人再多钱，年轻人也不会出现人生的巨变。这就是尊重的力量！

§如何尊重他人

1. 注意态度。老师讲课、发言、他人谈话时，要注意倾听。这是给予尊重的表现；

2. 注意礼仪。得体的礼仪能够体现出你对他人的尊重。青少年如果蓬头垢面，不仅有损自己的形象，也是对老师、同学不尊重的表现。站着和别人交谈时，不要用脚连连打地；与老师、长辈交谈时，勿跷

“二郎腿”；

3. 养成良好的时间观念。守时也是一种尊重，和朋友约好聚会，就应当准时赴约；对于老师安排的活动，更应当准时参加；

4. 不同的场合要注意讲话内容。别人办喜事，就别说不吉利的话；人家办丧事，就不要兴高采烈。还比如：别人没考好，就不要在其面前大谈特谈自己考得如何如何好；

5. 只有在心理上有尊重别人的想法，才可能做出尊重别人的行动。所以，我们必须牢记：“每个人在人格上都是平等的。”不因自己家境好、成绩好就自倨、自傲，就轻视他人；

6. 尊重他人要学会“见什么人说什么话”，也就是要了解对方的年龄、身份、语言习惯等。假如对方是位年长者，在称呼上要礼貌，在语气上要委婉，在语速上要舒缓，在话题上要“投其所好”，以便谈话继续；

7. 尊重他人还要注意以下细节：打招呼时不要“喂喂……”不停，或者叫绰号，因为对方肯定“别有一番滋味在心头”；交谈时不谈对方不愿讲的话题，不揭对方的伤疤等，这些都能体现出一个人的品质。

小提示

对于青少年来说，学会尊重父母，是对父母的孝敬；学会尊重知识，是对智慧的向往；学会尊重生命，是对生活的热爱。而与人交谈时一定要顾及对方和周围人的感受，不炫富不显贵不扬权，学会低调平等交流。开玩笑要有度，一定不能伤害到他人。

6 以诚为本

诚信是永不落空的美德，是交往中永恒的准则：诚信转化为语言与行动，我们将会赢得每个人；诚信让心灵的防壁瓦解，让情感与梦想不再禁锢；诚信让朋友间更加信任，友谊更加坚固，矛盾更易化解。如果人与人

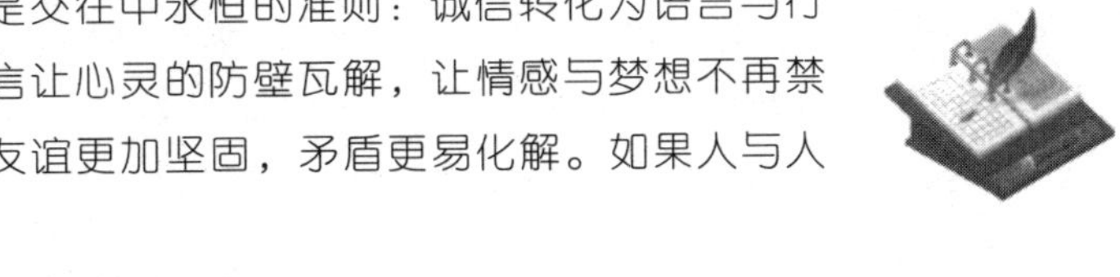

都在交往的自我反思中宽容对方，情谊之花就必然更加灿烂。

《说文解字》中把诚和信互为解释，诚即信，信即诚。千百年以来古人一直把诚信立为处世之本、为人之道，崇尚诚信。

§自尊促使你成才

车无辕不行，人无信不立。生命不可能从谎言中开出鲜花，人没有了真诚，生活便没有了分量。停驻于历史的长河畔，默想一次次历史的涤荡：张良拾履桥下，诸葛亮七擒孟获……正因张良守时前往，方获黄石公传授兵法；正因孔明不杀孟获，乃得蛮夷诚心归附。为了家国大义，他们舍弃了个人小利。贤臣和良将因选择守信而流芳百世，佞臣因失信而遗臭万年。

古人有云：索物于暗室者，莫良于火；索道于当世者，莫良于诚。明礼诚信方能经世济国。纵观整个中国传统文化，方知诚信是“立人之本”“立政之本”。百年老店同仁堂的祖训即为“品位虽贵必不改减物力，炮制虽繁必不改省人工”。这些训诫突出了“诚信”的深邃，成为世人不变的箴言。

常言道：言必信，行必果，诺必诚。这些来自前人的“诚信”之言对青少年帮助极大，他们能帮助你养成诚实守信、严于律己、宽以待人的习惯，有了这些方能在人生中取得立身之本。一个不守诚信的人，是无法与其谈论做人处世之道的。现在的从商路上流行这样一种说法：“凡是合作者，都必须以诚信为本；凡是诚信者，都可以作为合作的伙伴”，现实生活中又何尝不是如此呢？缺失诚信者无人愿与之为伍。

生命如圆环，中空而残缺，却首尾相衔不失圆满。每个人都选择了自己的人生，或贫或富、或真或伪，或因利选择欺骗、或为义选择诚信。这里，没有唯一的选择，却有绝对的真理。

“诚”包含诚实、忠诚、真实无妄之意，它从根本上否定了虚伪、奸诈和狡佞。人在诚实方面的修养，是立身修德的根本。一切美好的道德行为都源于“诚”字，无诚则无以修德。坚守内心的真诚，人的道德修养就能达到博厚、高明、宽远的境界。

德国诗人海涅曾经有一句名言：“生命不可能从谎言中开出灿烂的

鲜花。”每一个人只有内心诚实，才能善待父母，善待朋友，进而使整个社会呈现和睦。因此，诚信既是一个人的立身之本，也是一个民族、国家的生存之基。它自古以来就是备受中华民族推崇的一种人格境界。只有诚信的人，才能心智清明，择善而从。

“修身”自古就是齐家、治国、平天下的基础和根本。欲修其身者，就必须先正其心，诚其意。道家讲说真话、办真事、做真人，老子在《道德经》中说：“轻诺而寡信”，意思是轻易向别人承诺的人一定很少讲信用。提醒人们在对别人做出承诺时，一定要慎重斟酌，量力而行。答应了别人的事就要说到做到，一诺千金。佛家则讲出家人不打诳语。孔子更是把“信”作为“仁义礼智信”五常之一，其中人与人之间的诚信，是人最重要的美德之一。孔子说过：“人而无信，不知其可也”（《论语·为政》），意思是做人如果不讲信用，不知道他怎么可以立身处世。孔子还说：“民无信不立”(《论语·颜渊》)，意思是说失去人民信任的执政者是站不住脚的，这样的政权必不能长久存在。可见，修身是何等的重要，所以青少年应从现在开始“修身”。

§ 我们要主动选择诚信并坚守

既要诚信对人，亦要诚信对己。一旦为自己定下目标，就不应该放弃，这是对信念的忠诚；自己拥有的理想就不应该退缩，这是对信仰的忠诚。其实，诚信并不遥远，诚信就在心间。从自己做起，诚信待己，则诚信待人也会变得真诚、自然。如果一个连自己都要欺骗的人，绝不能奢望他能以诚待人。须知“诚信乃做人之本，守信是立事之根”。

诚信对人要求甚多，要求选择诚心者具备“富贵不能淫”的坚定信念、“贫贱不能移”的豪情壮志以及“威武不能屈”的铮铮铁骨。年华似水，岁月匆匆，生命被不断地翻阅，而每一个选择诚信的人，都能在历史上留下光辉的一页。

人生在世，德是立世的基础，诚是做人的根本。真诚待人是传统道德的精华核心，是人际交往的基本德行与修身之本。诚实是做人的基本原则，也是取信于他人的基础。信口开河、言而无信的人即使蒙混过关乃至得势于一时，也是绝对不可能长久的。

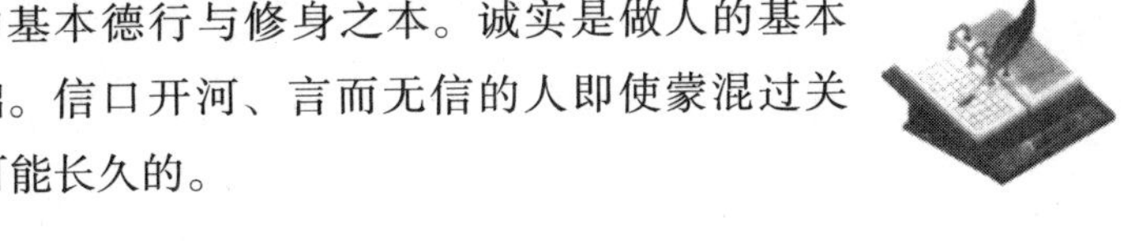

另外，我们要注意自己的言论，它们当以诚信为本。这里的诚信包括名实一致、言行一致、表里一致。也就是言论要与事实相符，言论要与行动相符，口里说的要与心里想的相符，不能口是心非。在道德水准较高的古代中国，各种行业的人都以诚信责己，诚信待人，不自欺欺人。古人经商讲究“童叟无欺”，这体现了与人打交道时诚信的重要性。

清朝的蔡磷，他的一个好友在他那里寄存了一千两黄金，当时却没有立下任何字据。不久，朋友死了，蔡磷把朋友的儿子叫来，要把钱还给他。朋友的儿子惊愕地说：“怎么可能寄存千金而不立字据呢？再说，我的父亲也没有和我说过这件事。”蔡磷笑着回答说：“字据在心里，不在纸上。你父亲了解我，所以没有告诉你。”当今社会，仍有一些不够质朴、不讲诚信的人存在，在他们那里，诚信早已被践踏脚底。他们认为，欺骗不是小人的专利，而是做人的天经地义。我们应该极力摈弃这种行为。米兰·昆德拉说：“所谓人生，即是周而复始的诚实、友好、信任的给予和被给予。”泰戈尔则说：“学会去爱别人，别人同样也会爱你！”

7 对自己做的事负责

美国成功学者格兰特纳说过这样一段话：如果你有自己系鞋带的能力，你就有上天摘星的机会！一个人对待生活、工作的态度是决定他能否做好事情的关键。首先改变一下自己的心态，这是最重要的！

很多人缺乏责任感，他们习惯于在生活中寻找各种各样的借口来为遇到的问题开脱，并且养成了习惯，这是很危险的。

§ 做事不负责后患无穷

有这样一个历史案例足以说明对自己做的事情不负责将造成严重后果：

周幽王，西周第十代国君。他贪财好色，昏庸残暴。一次，他得了一个美女叫褒姒，可是褒姒自从进宫后从没笑过一次，为了引她一笑，周幽王带褒姒上了骊山。原来，为了防御西戎的进犯，在骊山一带建了二十多座烽火台，每隔几里一座。西戎军队打来，就燃烧起烽火，一个连一个传递消息，附近的诸侯见到了就会发兵救援。

周幽王来到骊山，让人燃起了烽火。附近的诸侯看到了警报，以为敌兵来了，就急忙带兵救援。可赶到了骊山下，一个敌人也没看到，却听到了山上的鼓乐之声，大家都愣住了。周幽王便派人告诉他们："不过是大王和王妃放烟火玩，你们回去吧。"诸侯们生气极了，山下一片混乱。褒姒见到这场面却笑了起来。这就是中国历史上"烽火戏诸侯"的故事。

后来西戎军真的攻打都城丰镐时，尽管烽火台上连举烽火告急，却没人理会了，诸侯们认为这是周幽王在胡闹。结果西戎军队攻入镐京，杀死周幽王，把财物洗劫一空。周幽王终于自食了自己先前种下的恶果。

周幽王"烽火戏诸侯"，只是为了博得美人一笑，而最终的结果是自己死于骊山之下。那么原因何在呢？是他对自己的行为不负责任，失去了诚信。一些人不能很好地做到对自己的行为负责，往往是因为对自己的行为可能产生的后果缺乏正确的估计和判断。一些该做的事没有做，不该做的事反而做了。因此，我们必须做到对自己的行为负责，只有对自己负责的人，才是真正有自尊的人，也才有资格、信心和能力承担起对他人、对社会的责任。青少年要以周幽王之举为戒，及早培养自己的责任感。

§ 勇于对自己的行为负责

人要有责任心，尤其要对自己做过的事情负责。自己犯下的错误、

自己有过的失误都要靠自己千方百计来弥补和承担，不要把希望寄托在别人身上，别人没有理由和责任为你分担。为你分担了，你便要付出昂贵的代价。人和人之间并不是平等的，在任何时候，我们都不能忘记自己的身份，也不能忽视别人的身份。因为不同的场合下人的身份可能会有其特定的意义，这点必须注意。

现实生活中，不是每个人都会对自己的行为负责任，当然也没有必要让每个人都做到这一点。但是能够做到这一点的人却具有了让人信服的美德，我们每天都在经历着许许多多的事件，有些事件的发生是难以避免的，然而事件一旦发生就不可能抹去曾经有过的失误，这就需要有人勇于承担责任，而恰恰有人不愿意承担责任。只要是自己做过的事就应该承担和负责，无论它是好是坏。

每个人都应该对自己的行为负责。对每一个能积极主动掌控自己生活的人来说，这一基本信念都是行动的基础。你或许会被周围的环境困扰而抱怨连连、自怨自艾，认为生活是如此不公平，其实你大可以摆脱环境中的负面因素，对自己的行为负起责任来，把注意力集中在改善现状上。

8 要有顽强的意志力

每一个要克服的障碍，都离不开意志力；面对着所执行的每一个艰难的决定，我们所依靠的是内心的力量。事实上，意志力并非是生来就有或者不可能改变的特性，它是一种能够培养和发展的技能。

“意志力”在词典上意为“控制人的冲动和行动的力量”，其中最关键的是“控制”和“力量”两个词。“力量”是客观存在的，问题在于如何“控制”它。

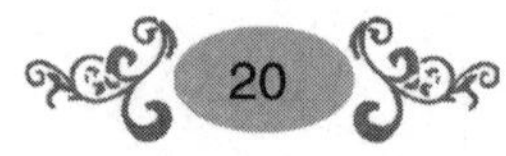

§ 增强意志力的方法

一、要积极主动

意志力绝非自我否定，不可将它们相混淆，如果我们将之应用于积极向上的目标，意志力将会变成一种巨大的力量来推动我们前进。

在美国东海岸有位商人，他最近陷入了饮酒过量却不可自拔地苦恼。商人从事的是一种很烦人的工作，而在进餐前喝几杯葡萄酒似乎能让紧张的心情得到放松。可酒和累人的活又使得他昏昏欲睡，因此常常一喝完酒便呼呼大睡。有一天，这位经理意识到自己是在借酒消愁，浪费时光。于是他决定不再贪杯，而是把更多的时间用于儿女身上。刚开始时很不容易，常常想起那香气四溢的葡萄酒，但他告诫自己现在所做的事将有所得而不是有所失。后来的事实证明，他工作的干劲几乎全来自家庭和子女，是他们让他有了前进不止的力量。

主动的意志力能帮助人们克服惰性，使注意力更集中。当你遇到挫折，它将帮助你克服，从而使你积极投身于实现自己目标的具体实践中，你就能坚持到底直至胜利。

二、要下定决心

某知名心理学教授认为实现某种转变需要四个步骤：抵制——不愿意转变；考虑——权衡转变的得失；行动——培养意志力来实现转变；坚持——用意志力来保持转变。

有这样一些“慢性决策者”，他们当然知道自己应该做什么，但决策时却优柔寡断，结果无法付诸行动。其实人们为了下定决心，可以为自己的目标规定期限，在紧迫感的督促之下，往往会有好的效果。

伊莎贝拉是纽约的一位教师，对如何使自己臃肿的身材瘦下来十分关心。在她被选为一个市民组织的主席之后，就决定减肥6公斤。为此她购买了比自己的身材小两号的服装，要在3个月之后的年会上穿起来。由于坚持不懈，伊莎贝拉终于如愿以偿。

三、要有明确的目标

专家曾经研究过一组计划在一定时间内改变自己行为的实验对象，结果发现最成功的是那些目标最具体、最明确的人。其中一名男子决心

每天做到对妻子和颜悦色、平等相待。后来，他果真办到了。而另一个人只是笼统地表示要对家里的人更好一些，结果没几天又是老样子，照样吵架。由此可见，只有笼统的计划没有明确的目标还是远远不够的。

对于我们而言，不要总是说些空洞无用的话，如："我打算多进行一些体育锻炼"，或"我计划多读一点书"。而应该具体、明确地表示——"我打算每天早晨步行45分钟"，或"我计划一周中一、三、五的晚上读一个小时的书"。真正付诸行动、以目标来督促才是关键。

四、要对利弊进行权衡

如果你因为看不到实际好处而对当前进行的事三心二意的话，光有愿望是无法使你心甘情愿为之尽全力的。

有个戒烟专家曾对向他咨询的人说，可以在一张纸上画好4个格子，以便填写短期和长期的损失和收获。假如你打算戒烟，可以在顶上两格填上短期损失："我一开始感到很难过"和短期收获："我可以省下一笔钱"；底下两格填上长期收获："我的身体将变得更健康"和长期损失："我将推动一种排忧解闷的方法"。通过仔细比较，就会比较容易具有戒烟的意志。

五、积极改变自我

只注重收获远远不够，我们行动的最根本动力源于改变自己形象和把握自己生活的愿望。道理有时可以使人信服，但只有在感情因素被激发起来时，自己才能真正付诸相应的行动。

杰克有目抽三盒烟的坏习惯，尽管长期吸烟使之身体状况越来越糟，常常咳嗽不止，但他依然听不进医生的劝告，而是我行我素，照抽不误。"有一天，我突然意识到自己真是太笨了。"他回忆说，"这不是在'自杀'吗？为了活命，得把烟戒掉。"由于戒烟能使自己感觉更好，杰克产生了改掉不良习惯的意志力，从而最终改掉了这一坏习惯。

六、注重精神作用

在17世纪的法国，著名将领图朗瓦每次打仗都站在队伍的最前面，并以身先士卒而闻名。在别人问及此事时，他直言不讳道："我的行动看上去像一个勇敢的人，然而自始至终都害怕极了。我没有向胆怯屈服，而是对身体说——'老伙计，你虽然在颤抖，可还得往前走啊！'"结果他毅然地冲锋在前，成了队伍的号召人物。

大量的事实证明，好像自己有顽强意志一样地去行动，有助于使自己成为一个具有顽强意志力的人。

七、坚持磨炼意志

某心理学家对于人们锻炼意志曾提出过一套方法。其中包括从椅子上起身和坐下30次，把一盒火柴全部倒出然后一根一根地装回盒子里。他认为，这些练习可以增强意志力，以便日后去面对更严重、更困难的挑战。巴雷特的具体建议似乎有些过时，但他的思路却给人以启发。例如，你可以事先安排星期天上午要干的事情，并下决心不办好就不吃午饭。

皮特是加州某篮球俱乐部的明星，除了参加正常的训练之外，他总是每天一大早来到球场，独自一个人练习罚犯规球的投篮瞄准。“功夫不负有心人”，他终于成为球队里投篮得分最多的人。

八、凡事坚持到底

有志者事竟成，这句话包含了与困难打持久战并最终将其克服的含义。专家在对戒烟后又重新吸烟的人进行研究后发现，许多人原先并没有认真考虑如何去对付香烟的诱惑。所以尽管鼓起力量去戒烟，但是不能坚持到底。当别人递上一支烟时，便又接过去吸了起来。对于那些决心戒掉坏习惯的人来说，如果你决心戒酒，那么在任何场合都不要去碰酒杯。倘若你要坚持慢跑，即使早晨醒来时天下着暴雨，也要在室内照常锻炼。做事情最忌半途而废。

九、要实事求是

对于减肥者而言，如果规定自己在3个月内减掉25kg赘肉，或者一天必须从事3个小时的体育锻炼，那么对这样一类无法实现的目标，最坚强的意志也无济于事。而且，失败的后果会将最终使自己再试一次的愿望化为乌有。其实，许多情况下，将单一的大目标分解成许多小目标不失为一种好办法，这样更有利于实现目标。

帕西诺打算即日起开始戒酒，他在自己的房间里贴了一条标语——每天不喝酒。由于把戒酒的总目标分解成了一天天具体的行动，因此第二天又可以再次明确自己的决心。到了周末，帕西诺回顾自己7天来的一系列“胜利”时信心百倍，最终戒酒成功。

十、意志要逐步培养

坚强的意志不可能一蹴而就，它是在逐渐积累的过程中一步步形成的。这中间还会不可避免地遇到挫折和失败，必须找出使自己斗志涣散的原因，才能把问题解决。

莫妮卡第一次戒烟时下了很大的决心，但结果却是以失败告终。在分析原因时，她意识到需要用手做点什么事来代替拿烟。后来她买来了针和毛线，想吸烟时便编织毛衣。几个月之后，莫妮卡彻底戒了烟，并且还给丈夫编织了一件毛背心，效果可谓“一举两得”。

十一、要乘胜前进

成功是对意志力的肯定和促进。实践证明，每一次成功都会使意志力进一步增强。如果你用顽强的意志克服了一种不良习惯，那么就能拥有继续挑战并获胜的信心。每一次成功都能使自信心增加一分，给你在攀登悬崖的艰苦征途上提供一个坚实的“立足点”。或许面对的新任务更加艰难，但既然以前能成功，这一次以及今后也一定会胜利，正所谓：胜利时，须乘胜追进。

西方一些研究成功学的专家，在进行了大量的调查分析后指出：“成功起源于人类的意志力。”这一结论被称为是二十世纪人类的重大发现之一。的确，纵观古今中外的历史，凡对当时的社会有贡献的成功者，往往都是那些具有超凡意志力的人。

第二章

放飞梦想，用方向引领自强人生

“梦想是一个人前进的动力。”一个人只有拥有自己的梦想，才能清楚地规划自己的未来。梦想，会给你带来勇气，帮助你跨越一个又一个困难，最终实现你的愿望因此，放飞梦想，让它为你的自强人生指路领航吧！

1 自强人生，需要你好好规划

生命对于每个人只有一次，珍贵而短暂。身处象牙塔的青少年，面对学校生活，面对未来的职业生涯，我们憧憬，我们遐想，我们充满激情。然而，更多的时候，我们迷茫，我们好高骛远，我们漫无计划，为自己的迫不及待或无所事事感到郁闷。所有的一切，急需一个明确的目标和可行的计划来支持。

在规范化的社会中，人生其实完全可以自我设计，而且应该从童年就开始。有了科学理性的人生规划，人们可以完全不凭机遇、不靠伯乐，按部就班地、可预见性地获得自我认识意义上的成功。

§如何进行人生规划

第一，也是最重要的一点，及早做好职业生涯的规划很重要。人生需要攻略，职场需要规划，这个规划最好高中时代就定好，高考之前就给自己一个清晰、科学和客观的职业定位，评估一下自己的职业气质、职业兴趣、职业倾向、职业能力和职业潜力等，然后以此为目标，再去找适合自己未来工作的专业，使未来的职业处于稳步向前发展的状态，走好自己的职场之路，实现预期的目标。成大事者很重视每日的行动，持之以恒来一步步实现自己的人生计划。

第二，要注重人际关系。人脉的作用如同血脉一样，四通八达、错综复杂的血脉网络，是人的生命赖以存在的基础。血脉即经脉，血液运行之通道，简称脉。人脉系统是心灵抚慰的栖息地、是事业发展的情报站、是事业成功的助推器、是个人成长的镜子、是一个人通往财富、成功的入门票。这个人际关系网包括老师、朋友、亲人、同学和所有可以互相帮助的人。甚至是朋友的朋友、同学的同学。人际关系表现了一个人的情商高低，不是一朝一夕就能建立起来的，它需要以心胸开阔、气

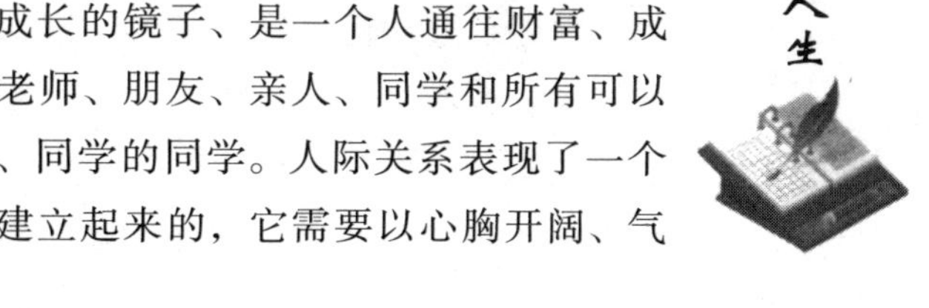

量豁达、与人为善、乐于助人的气质，摩肩接踵地结交很多朋友，擅长为人处世之道。为了短期胜利，建立共同利益；为了长远成功，建立良好关系，经过几年甚至十几年的培养才能形成。成大事者的特点之一是：善于靠借力、借热去营造成功的局势，从而能把一件件难以办成的事办成，实现自己人生的规划。如果一个人没有良好的人际关系基础，缺乏广泛固定的人际关系网，那么在其陷入困境之时，就会缺少他人的帮助，而其事业和人生想要成功就会极其困难。

第三，随着社会的发展，各界对人们的学历及文化素养要求也越来越高，要求具有较高的学历、渊博的知识和丰富的实践经验。文化素养是最基本的知识要求，要在青少年时期就学会未来要从事行业所需要的一切知识并有所发展。经验和智慧并非人皆有之，朝气蓬勃时期学到的知识基础最扎实，记忆也最深，因而这也是一个人进行原始积累的关键时期。

第四，形成你的个人风格。找出你所喜欢的名人，像世界第一CEO韦尔奇，第一首富比尔·盖茨，几乎是所有青年人的偶像。经常以他们为榜样，学习他们的理念、思维，就会得到事半功倍的效果。不断学习、不断模仿、不断尝试、不断改变，养成一种风格、风度，敢于决断，克服犹豫不定的习性。很多人之所以一事无成，最大的问题就是缺乏敢于决断的手段，总是左顾右盼、思前想后，从而错失成功的最佳时机。成大事者之所以能够取得先机，在于他们总能察觉事情成功可能性的到来，最重要的是敢于做出重大决断。

对于青少年而言，不断提高综合能力，包括学习能力、沟通能力、管理能力、决断能力、自信力、意志力、坚定不移的耐力等很重要。综合能力是判断你在学习、做事的过程中是否可以达到相应高度的重要指标。年轻的时候你可以明确地建立个人风格，这一点对成功很重要。

第五，完善品质，做人要有优良的品德。“德为商之本，信为利之源。”对我们每个人来讲，特别要有诚信，对人要忠诚。如果你到了30岁仍未能建立起坚如磐石的忠诚信誉，这一缺点将会困扰你一生。不忠诚的恶名必然会使你在事业上到处不受欢迎。你不能靠暗箭伤人爬到事业的顶峰，而要靠在早期树立起来的真诚刚直和不可动摇的声誉。忠诚是一项长期投资，也是青少年在成人之后获得无尽回报的资本。

新东方的徐小平说："人生没有设计，你离挨饿只有三天。"合理的人生规划将给你带来一个不同的将来。人生是可以设计的，而且应该从童年开始；有了科学、理性的人生规划，人们完全可以不凭机遇、不靠伯乐，按部就班地、可预见性地获得自我认识意义上的、必然的成功。

2 梦想——自强人生的导航器

人人都有梦想，也是因为梦想的寄托，从小渴望飞翔的兄弟俩可以发明飞机，希望可以拥有光明的爱迪生发明了电灯，这一切的一切都在于两个字：梦想。梦想能为我们的生命导航，让我们的知识不致成为一堆垃圾。

梦想的光辉照耀着我们，让我们认清了人生的方向，理解了"人生犹如夜航的船，没有灯塔的指引，将失去航向"这一句话的真实含义。少年时期的我们，往往是青涩的，但又是梦想的诞生地，等老了，再回首过去的时光，却发现梦想的足迹却还留在二十岁的记忆年轮里。

§ 什么是梦想

梦想究竟是什么？它是一种强烈的需求，是深藏在人们内心深处最深切的渴望；它是潜意识的产物，几乎和你的直觉一样；它能激发你潜意识中所有的潜能。每当你想起它，就会兴奋不已。正是人们有了想飞上蓝天的梦想，才有了飞机的出现；正是人们有了要下海的梦想，才有了潜艇的诞生。放眼望去，人类创造的所有奇迹，其实都是梦想变成现实的结果。

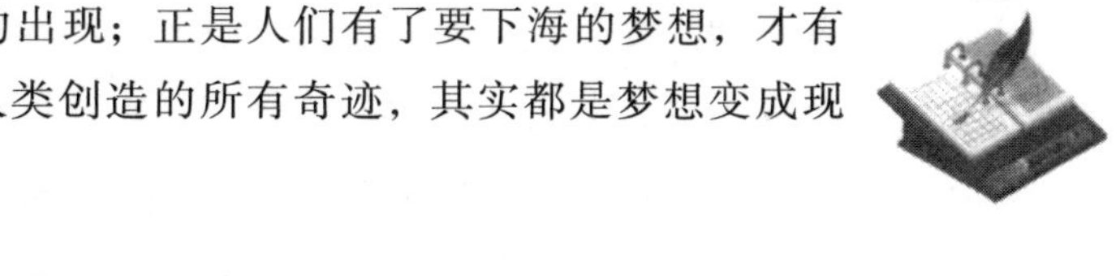

梦想改变了人们的生活，给人们的生活赋予了重要意义。那么青少年究竟应该用什么态度对待梦想呢？那就是坚持，永不放弃，不要放弃自己，也不要放弃生命的根本意义。梦想是映衬在心底一幅美轮美奂的画，拥有了梦想就不至于失去少年时的天真稚邪。唯有在梦想的指引下，我们才能达到人生的最高境界。

曾经的英国首相丘吉尔，不进食的伟大的政治家，也是诺贝尔文学奖获奖者，是当代著名的演说家。他在牛津大学毕业典礼上曾经做过一次演讲，当时他在屏住呼吸等待祝词的听众面前只说了三句话："Never。give up!Never give up!Never。give up!"

现在有不少年轻人认为，该放弃时就放弃的人，才是最聪明的人。当然，这个想法也没有错，对于不切实际的空想，及早放弃是明智之举。但是面对自己梦寐以求的理想时，就要改变这种观念，就像丘吉尔简短的演说词一样，绝对不可放弃。

§再艰难也不可放弃梦想

许多成功的前人，都经历过这样的痛苦：他们忍辱负重甚至食不果腹、衣不蔽体，而这些都只为了实现自己的理想。如今我们不用拿性命做赌注或对天发誓来实现梦想。因为发誓没有任何意义，誓言并不能保证梦想一定会实现。我们所要做的，只有坚定自己的信念，那么人生就会像装有自动导航设备的船只，驶向幸福的彼岸。青少年尤其要相信梦想的巨大力量。然而，实现梦想虽并没有想象中那样艰难，却有很多人提前放弃，那么原因究竟是什么呢？

其一，大部分人其实缺乏真正的梦想。

事实上，真正懂得自己所要的目标是什么，而且为实现梦想坚持到底的人很少。没有目标谈何梦想呢？只有明确了解自己的期望，才算得上是真正的梦想。青少年时期正是确立梦想的时期，只有深入了解自己，才能实现梦想并享受丰硕的果实。很多人在20岁之前就确立好了自己的理想，但往往因为各种因素而提前放弃，结果到了30岁还没找到属于自己的真正幸福。青少年一定要引以为戒。梦想必须陪伴我们一生，因此不能操之过急地寻找，要在了解自己的过程中去确立梦想。只

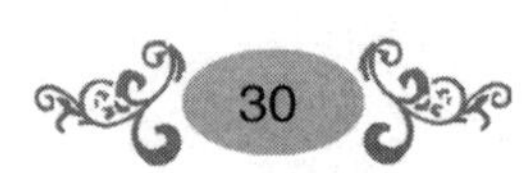

有在不断的探索过程中，心门才会打开，才会向我们表明什么才是我们真正需要的。

其二，很多人不愿在迈向目标的路上绕道而行。

这里我们以登山为例来做具体说明：一个登山爱好者，把一个陌生的山顶定为征服的目的地。这时，他自然会选择一条直路，因为路程最近，到达目的地的时间最短。但事实上能够抵达山顶的路大多蜿蜒曲折，并不是笔直的。在登山的路上，有可能会遇到悬崖，或者茂密的森林，所以只能绕道而行。每当路线离目标越来越远时，许多人就会纷纷开始感到后悔。“到底什么时候才能抵达山顶呢？”“为什么我一定要去那个地方？”经过激烈的思想挣扎，一部分登山爱好者很可能会做出放弃之举。

选择奋斗对每个人而言都不困难，然而这世上没有谁能够选择实现目标的必经之路。如果只是不断埋怨路途坎坷，在一点挫折面前轻易选择放弃，那么不仅实现不了人生梦想，就连眼下的目标也很难实现。当然，我们也没必要花费精力去开辟一条原本不存在的路。只要我们不放弃梦想，路自然会出现在我们的眼前。如果在途中不幸遇到意外，那么暂时远离梦想，休息一下。但要明确的一点是：暂时地远离梦想是为了走上实现梦想的另一条路。

我们要时刻存有“一定能实现梦想”的信念，信念是前进者的无穷能量。梦想能赋予人生深刻的意义和强大的动力，而且能让我们得到幸福。为了得到幸福，我们应该为寻找梦想而奉献青春。世上无数的成功者都见证了梦想的力量，那么青少年朋友，你还在犹豫什么，积极把握好当下吧。

成功要求人们有一个为之奋斗终生的梦想。任何一个成功者都是从梦想开始的，没有梦想的人生是没有意义的人生。没有梦想，就没有一切。美国的著名诗人休斯说“紧紧抓住你的梦想吧，一旦梦想消亡，生命就像断翅的鸟儿，再也不能飞翔”。

3 幻想≠梦想

幻想不等于梦想，幻想是虚无缥缈的东西，会让人们浪费时间和精力却一无所获。梦想是有棱有角的，是在现实的土地上播的种，只要辛勤浇灌就可以开花结果。一个梦想者会为了自己的目标而努力拼搏，而一个幻想家却只会在自己的空中楼阁中蹉跎岁月。

人不仅要有梦想，还要有实现梦想的坚强意志和决心，仅有梦想而不实现梦想的力量，这样的梦想和幻想别无二致。树立了梦想之后，如果能通过不懈的努力使梦想成真，梦想才真正有价值。

§何为梦想，何为幻想

梦想是人们在脑中的大胆想象，它不一定会实现，是人们对某事某物的美好期望。有梦想的生活才是真正意义上的生活，它是人们生活的动力。梦都是美的，所以美梦成真也就成了我们长久以来的信仰。梦想可以通过一定的方式和途径，通过自己的努力和拼搏成为现实。梦想最大的意义是给予人们一个方向，一个目标。如果只把梦想当做梦，那么这样的人生可以说没有什么亮点。人之所以伟大，就在于他们把梦想作为目标来执着追求。梦想使人伟大。

而幻想，本是人内心荒谬的想法，它主要指向个人所希望的未来事物的想象过程。个体遇到挫折或难以解决的问题时，便脱离实际，想入非非，把自己放到想象的世界中，企图以虚构的方式应付挫折，获得满足。白日梦便是一种幻想，白日梦者往往超越现实，打破时间空间的界限，来满足某些需要，并伴有一定的愉快感。有时，白日梦可以推动人们追求某种目标。若是白日梦代替了有意义的行动，人们就会以之来逃避现实，甚至会导致心理变态。

幻想主要用于童话，是童话用以反映生活的特殊艺术手段，具备童话的基本特征。它是童话的核心，也是童话的灵魂，没有幻想就没有童话。幻想是创造想象的一种特殊形式。由个人愿望或社会需要而引起，是一种指向未来的想象。积极的、符合现实生活发展规律的幻想，反映了人们美好的理想境界，往往是人正确思想行为的先行。艺术幻想是一种创作手段，是作家不满足于模仿现实的本来形态，而按自己的需要来虚构形象的一种创作方法。它植根于生活，往往又对生活作夸张的叙述和描绘而达到一种升华，因而幻想中的事物比真实情况下的更活跃，更富色彩。童话中充满丰富的诗意幻想，作家利用幻想手段作折光的反射，借以寄托自己的情感和理想，表达对真、假、善、恶、美、丑的审美评价。对积极的幻想，我们要予以鼓励支持。

§ 怎样正确区分梦想和幻想

人生的目标就是个人的理想，有时感觉是一种梦想，有时又感觉是一种幻想。如何才能将两者清晰地划定，避免总是被混沌的埋想所困惑呢？只有搞清楚梦想与幻想的界限，才能使你的生命变得踏实而无悔。

要正确区分梦想与幻想，不能凭动机。不能用是否光明正大、是否众望所归、是否符合个人的实际情况来看待。有些人认为符合自己的天赋、能力及其环境禀赋的就是梦想，反之，就是幻想。这种看法非常具有普遍性，但稍显偏颇。理想本就有些务虚不务实的特性，如果未来的一切都能够计算清楚，并且能够按照计划去逐一兑现，这就根本不是什么理想。而只能称其是成功的计划。

要正确区分梦想与幻想，不能凭结果。不能说成功了就是梦想，失败了就是幻想。现实中存在着许多一辈子为坚持梦想而舍弃唾手可得的所谓现实成功的梦想者。当然，也同样存在着许多幻想都未曾达到过的成功务实者。

事实上，我们只能用生命行为来分辨梦想与幻想的差别。只要一个人能忠贞不渝地坚守自己的理想，不为利诱所动摇，不为危难所离弃，不为挫折而改变，不为利益而更张，这就是梦想。反之，随着人生境遇的升迁和主观欲望的不断拔高而经常变幻不定的理想空间，就是一种想要鱼掌兼得的幻想。幻想大多是一闪而过的激情冲动，而梦

想却能够在脑海中不断重复并留下挥之不去的生命印记，甚至会成为一些命运强者的生命坐标。能始终坚持梦想的人绝不是为了追求成功，而是把坚持梦想当成生活态度，当成是人生最重要的组成部分。

梦想，埋藏在人们内心最深处。它是一种强烈的需求，能激发你潜意识中所有的潜能，每当想起它就会兴奋不已。它是人类创造一切美好事物的原动力，人类创造的所有奇迹，一切触手可及的都是梦想成真的结果。梦想不能变成明确的目标和计划就会变成梦幻。如果你从不为你的梦想付出行动，那么梦想就无异于幻想。

4 方向不对，努力白费

努力一定会有结果，但努力了不一定会有好结果！人生最重要的既不是努力也不是奋斗，而是抉择，抉择要放在努力的前面，方向不对，努力白费！

“未来的世界将是，方向比努力重要，能力比知识重要，健康比成绩重要，生活比文凭重要，情商比智商重要！”这是台湾清华大学校长给毕业生的一段话。

§方向比努力重要

有这样一个古老的故事：

从前有一个人，从魏国到楚国去。他带了很多盘缠，雇了上好的车，驾上了骏马，请了驾车技术精湛的车夫，就上路了。楚国在魏国的南面，这个人不问青红皂白让驾车的人赶着马车一直朝北走去。那个魏国人，不听别人的指点劝告，仗着自己马快、钱多、技术精，朝着相反方向一意孤行，那么，他跑得越快，就会因此而离楚国越远。

这个故事就是人尽皆知的“南辕北辙”，骑士虽然拥有宝驹和高超的驾术，可是他选错了方向。

方向比努力重要，这句话包含了很大的智慧。从很小的时候起，我们幼小的心灵一直就被愚公移山这个故事所蛊惑，它让我们产生错觉：只要去努力，一定会成功。是的，努力一定会有结果，但一定会有好结果吗？做正确的事，远比把事做正确更重要。正所谓，方向不对，努力白费。

现代社会里，人们常用“最近忙啥”作为谈话的开场白，最近忙啥，忙字何解？忙一心亡，心死。在忙碌的过程中，理想已丢，心已死矣。我们太多人都在为理想梦想而努力拼搏，而却常常在努力过程中忘记了自己的理想和梦想。每日开始为生活三餐、柴米油盐、凡尘琐事所累，当初的理想梦想已渐渐随三餐排出，越留越少，直至心死，每日碌碌不知何为。对于青少年而言，还没有成功，仍然在路上，或者还在找寻成功的路。每天晚上有没有反省自己：我每天所做的事情，有几件事情真正和理想有关？有几件事情能真正帮助我实现理想梦想？

当你为实现当初的梦想而倍感疲惫的时候，不妨轻轻问自己一句：“我如此辛勤努力，做的事是正确的吗？方向是对的吗？”

§ 正确的方向促进目标的实现

你是否有这种感觉：当你一个人在空旷的原野上行走，夜色如墨，道路泥泞，寒风夹着雨丝一阵阵向你扑来，就在你饥寒交迫、疲惫不堪、快要倒下的时候，如果突然有一盏灯在闪烁，你会怎样呢？你一定会重整旗鼓向灯走去，向那个方向前进。

这就是方向的灵感、目标的力量。有了正确的方向才有目标，才能以百折不挠的毅力与超人的智慧去实现它。在追求目标的过程中，你的人生得到充实升华，精神得到振奋，开始深刻地感觉到生命所蕴含的意义。在平凡的现实生活中，许多人做事没有目标，他们的生活漫无目的，得过且过，做一天和尚撞一天钟。这种人没有理想和灵魂，永远不能有所作为，无法成为生活的强者，他们听天由命，随波逐流，所以经

常能够听到这种人喊“空虚”“无聊”，他们的生活是苍白的，没有生机勃勃的前景。

方向是人生道路上高耸的灯塔，有了方向你的生命之帆才不会偏航。当然我们所谓的目标不能脱离现实。“人定胜天，事在人为”，就算没有成功也没有关系。古人云：“手下败将不言勇，卧薪尝胆志更高。”只要你善于吸取经验教训，自我总结，做事有毅力，终究会走向成功，而你的人生目标也会实现。

信念是成功的目标和方向。很多人费很大力气但收效甚微，很可能是信念的选择有失。正所谓方向不对，努力白费。在人生的发展过程中，我们经常有“四处乱窜，没有方向”的感觉，方向从哪里来？从最真实的信息中来，从最原始的信息中来。和成功的人在一起，我们可以获得更多优秀的理念和思想，获得更多达到成功捷径的方法。当你难以决定自己的方向时，不妨多向成功者取经。

5 明确目标，做个自强不息的人

每个青少年都应该有一个能够让自己信服且为之奋斗的目标，这个目标并不一定是个确定值，而是自己设定的在将来的某个时间点要达到的成就及人生目标。

一个人看不到自己的远方是很可怕的，有了远方也就有了人生追求的高度，而人一旦有了追求，远方也就不再遥远。

§明确目标的重要性

就现状来说，目标总是很遥远的。但是如果你懂得如何看待，它便不再可怕，而会成为你奋斗的发动机，为你的人生导航。

明确人生目标之后，你要懂得将它分解。这样就不会为总目标太遥远而沮丧，而只是想着现在离你最近的那个目标。就像游戏过关一样，一关一关地过了，随着时间的推移，实现你的人生目标一定会水到渠成。当你明确了你的人生目标，你便找到了人生的主流，也就是找到了奋斗的方向。你便会明白：究竟哪些事情才真正重要，究竟什么样的知识是你应该掌握的。

铁链的强度由其最脆弱的那一环决定，对于青少年而言，只要审视你的各项必备生活能力，找到那些脆弱的环节，集中精力让它提高强度，你便会永远进步。在信息管理学中，有一个术语叫“选择性信息加工”，这就是说：世界上的信息包括知识是无止境的，你只要选择对你有用的，因为你的精力是有限的，你没有必要浪费你的资源。

对每个人来说，世界上最可怕的事莫过于自己像一只没有帆的船，不知道要去哪里。当风往东吹，便往东走，当风往西吹，便往西走，事实上永远都是在原地徘徊，丝毫没有进步。

§ 明确目标、积极行动

什么叫作成功？就是当你设定了你所执着追求的人生目标，让它实现了，便可以说是成功了。成功是自己的，它不屈服于外界的眼光。明确了正确的人生目标，你就成功了一半。其实，成功，就是成就你自己！

人生是一种体验，一种经历，一种探索，一种生活，包含着酸甜苦辣，得失成败，荣辱沉浮。而人生目标，则是一种自我设定，选择怎样的体验、经历、探索、生活，都因其而定。人生不能只追求小目标，还必须有大目标，使人获得成功的是大目标，而不是小目标。如果只追求小目标，到头来你就会发现，原来你是在空耗你的青春，最终一无所获。人生最伟大的目标就在于行动。

王选作为汉字激光照排系统的发明者，推动了中国印刷技术的第二次革命，被称为“当代毕昇”。他在接受《中国青年》记者专访时曾说

过这样一句话：年轻人认准目标，就要狂热追求。他还说到，一个有成就的科学家，他最初的动力，绝不是想要拿个什么奖，或者得到什么样的名和利。他们之所以狂热地去追求，是因为热爱和一心想对未知领域进行探索的缘故。王选自言从研制激光照排项目起，就开始了这种追求。“在很长一段时间内，我都有一种逆流而上的感觉，我几乎放弃了所有的节假日，身心极为紧张劳累，但也得到了常人所享受不到的乐趣。”

对青少年来说，定好自己的人生目标和人生追求很重要。在确定了目标之后，或许经过一生的奋斗也未能实现，但这并不意味着失去了制定目标的价值。人正因为有了目标，才能向前进。保持积极的思想，而不是消极的态度；使人走向充实，而不是走向虚无，制定目标的价值正体现于此。

6 带着自信上路，没有什么不可能

爱默生说：“自信是成功的第一秘诀。”自信，就是坚持真我，不能因别人而丧失信心，也不能为迎合别人而放弃个性，人生必须经历挫折有希望在，就有美好存在。

自信是成功的要素。若一个人获得了巨大成功，那么他所具备的优秀品质中，自信必是第一条。常言道，自信是成功的一半。如若不充分认识这一点，有一天你会连原来的一半也丧失。自信的人依靠自己的力量去实现目标，自卑的人则只有凭借侥幸。自信者的失败是一种命运的悲壮，自卑者的成功则是一种命运的悲哀。前者虽辱犹荣，后者虽荣犹辱。

§ 树立自信心的原因

其一，自信心能够帮助人们实现事业上的成功。

当初门捷列夫发现元素周期律后，有些反对他的人认为，留下那么多空白，就表明周期律的不合理和有矛盾，甚至连他的导师也嘲笑他不务正业。但是门捷列夫没有因此而放弃他的科学观点，他根据周期律科学地预言一些当时还没有发现的元素和它们的性质。正因为他的预言和后来的实验结论完全一样，周期律才被科学界所承认并且引起广泛的重视。

居里夫人为了提取纯镭盐，以便测定镭的原子量，向科学证实镭的存在，曾终日穿着沾满灰尘和污渍的工作服，在极其简陋的棚屋里，用和她差不多一般高的铁条搅动冶锅，从堆积如山的沥青矿的废渣中寻觅镭的踪迹。条件极其艰苦，但她心里却充满自信。她对友人说：“我们应该有恒心，尤其要有自信心！我们必须相信我们的天赋是用来做某种事情的，无论代价多大，这种事情必须做到。”她终于获得了成功，一举成名。

无数成功者的事实告诉我们：事业成功固然有种种因素，但自信心是必不可缺的条件。如果失去了自信心将导致事业失败。

俄国的罗巴切夫斯基发表非欧几何理论之后，非但没有得到众人的承认，反而受到了不少人的攻击，甚至有人还给他戴上“精神病”“疯子”“怪人”的帽子。但他毫不理会，毫不动摇，信心百倍地坚持研究，终于取得了成功，成为非欧几何学的创始人。匈牙利青年数学家波里埃 12 岁时就开始研究非欧几何，并取得了一定的成就。但在他父亲的竭力反对以及未能得到别人的鼓励和支持的条件下，动摇了决心，丧失了信心，以至最终放弃了这一有价值的研究。

正反两例告诉我们，自信心强的人，一般总是具有坚强的毅力，毅力又总是同精力结合在一起构成意志坚持性的品质。一个具有坚强毅力的人，他不会因成功而骄傲，也不会因失败而气馁；成功能催其不断奋进，失败也能激励他再接再厉。

其二，自信心能够帮助青少年提高学习成绩。

对于青少年学生来说，如果在学习上充满自信心，就会敢于探索、勇于进取，就能充分发挥自己的主动性、积极性与创造性，从而有效地进行学习。有人做过一项统计，在成绩优良组的51名学生中，充满自信的有28人，占55%；而成绩差的40名学生中，只4人有自信心，占lo%，有90%的学生缺乏自信心。这就说明了自信可以是激励一个学生前进的巨大动力。

有一名语文基础很差的高中生，语文一直是他各科中的拉后腿项，想要达到及格都很困难。但他从不灰心，而是屡败屡战，越战越勇，在充满信心的不懈努力中，高考语文获得了119的高分。他奔走相告，并向我表示上大学前的这个暑假要好好学语文，不能让语文再拉大学学习的后腿。

对于青少年来说，不仅要对学习自信，在参与的各种活动中，都应有相应的自信心。从万米接力到运动会，从攻一道难题到考场上的竞争，无不需要自信。那种“我干不好，别人比我强”的心态，是应该极力摒弃的。

§ 如何树立自信

既然自信心对一个人的学习事业有如此重要的作用，那么怎样能树立起自信呢？

1. 确立适度的目标。具有自信的人，总是在审慎权衡主客观条件的基础上，定出经过一定努力即可实现的目标。他所定目标既不过高，也不过低。期望过高……总是达不到，有损自信；期望过低，不费吹灰之力即能达到，自然谈不上树立自信心。长期目标和短期目标都不可缺少。

2. 学会比较，尝试成功。一般来说，那些学习成绩优秀的学生，都会自信心十足；而所谓差生则多为屡遭失败者，他们几乎都缺乏应有的自信心。这里面有一个原因：一事当前，往往横向比较——比优秀生。比的结果，总是不如别人。你不妨换一种比较方法，用纵向比较——比自己的过去，以便感知自己的进步和成功。大科学家爱因斯坦

的自信就是在纵向比较中树立起来的。

小学时期的爱因斯坦并不是一个成绩特别突出的孩子，有一次上完劳作课，同学们都交上了自己的作品，唯独爱因斯坦没有交，直到第二天，他才送来一只做得很粗陋的小板凳。老师看了很不满意地说："我想世界上不会有比这更坏的小板凳了……"爱因斯坦回答说："有的。"他不慌不忙地从课桌下面拿出两只小板凳，举起左手的小板凳说："这是我第一次做的。"又举起右手的小板凳说："这是我第二次做的，刚才交的是我第三次做的。虽然不能使人满意，但总比这两只强一些。"

3. 时刻保持乐观的情绪。乐观是人们对事业前途充满信心的一种精神面貌，是成功者具有的品质。一般地说，具有自信心的人，总是乐观主义者。他们在学习生活中，无论多么艰难困苦，都会体验到无比的快乐，看到光明的前途。正是这种乐观的情绪，使他们的自信心逐步得到发展与巩固。乐观的情绪和自信能够互为促进，古今中外许多名人都可以成为其例证。

当初，伽利略一心维护并积极宣传哥白尼的日心说，反对教皇宣扬地心说，受到了罗马宗教裁判所的审讯。当法庭宣判他"有罪"之后，伽利略却仍坚持说"不管怎样，地球仍在转动！"我国古代伟大史学家司马迁遭受奇耻大辱的腐刑之后，依然满怀信心，热情洋溢地撰写《史记》，终于用15年的时间完成了这部巨著，使后人对古代历史有了真实的了解。

4. 拥有坚强的意志力。爱迪生认为自信和坚强的意志是伟大人物最明显的标志，他说："不管环境变换到何种地步，他的初衷与希望仍不会有丝毫改变，并能终于克服障碍，以达到期望的目的。"自信心强的人，一般来说总是具有坚强的毅力，毅力又总是同精力结合在一起，构成意志坚持性的品质。

清代著名文学家蒲松龄有这样一幅名联："有志者．事竟成，破釜沉舟，百二秦关终属楚；尝心人，天不负，卧薪尝胆，三千越甲可吞吴。"他落第不落志，反而信心百倍地要干一番事业，于是坚持不懈从事文学创作，终于写出了文学史上不朽的杰作《聊斋志异》。

伟大的物理学家霍金，被公认是继爱因斯坦以来人类最伟大的物理学家之一。30年前，20多岁的霍金患了一种肌肉退化病，这种病平均

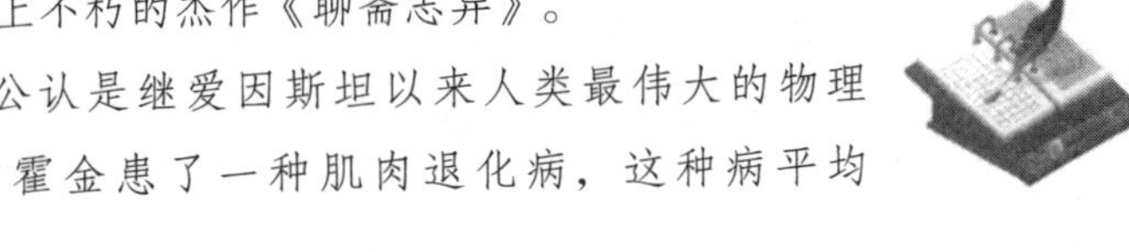

只能再活两年半，他在一年内就由能骑自行车退化到要靠手杖而行。渐渐地，又全身瘫痪，能动的只剩下右手三个指头，可霍金却奇迹般地活了下来。他写作，全凭这三个指头在电脑上选拼，造个句子要几分钟，然后再通过“声音合成器”变成讲稿，完成一小时的讲稿往往要花十几天工夫。但霍金凭着坚定的信念支持苦干几十年，在天体物理领域取得了惊人的成就。他所著的《时间简史》一书，译成了31种文字，畅销至600万册。他坐着轮椅走遍世界进行讲演，前几年还曾到过中国。霍金干瘪的身体像个木乃伊，然而对于世人而言，他无异于“轮椅上的巨人”，他的精神，也值得每个青少年学习。

这样的例子告诉我们，坚定的信念和顽强的毅力对人的事业乃至生命有着重要的作用。相比之下，青少年有着优越的条件，又有什么理由自卑不振作呢？我们应该拿出自信去创造属于自己的辉煌。

没有人不希望自己成功，但是成功地获得绝非易事，否则“发明家”“文学巨人”的桂冠不就会轻易地落在每个人的头上了吗？成功地获得需要具备一定的客观条件，除了一个人的智力能力外，他的心理品质素质，尤其是自信心，起着重要的作用。

7 行动起来，你离成功并不遥远

当你有了一个理想后，要在现实与理想之间建造一座桥梁。这个桥梁就是实现理想的行动步骤，你要把你的伟大理想，分解成几个较小的目标，然后挨个去实现这几个小的目标。当你拥有了这样一个完备的计划后，行动就成为实现理想的关键。要实现理想你必须有良好的执行力，能够切实把你的思想变成现实。

实现自强需要执行力，而执行力也需要培养和锻炼，有了想法就要去实践，不要让它在你的头脑中发霉。要增强自己的执行力，最好在自己的潜意识里，建立一个自我发动警句：立刻行动！当你想做一件事的时候，就从脑海里调出这句话，以此来激励自己的行动。

§ 成功在于行动

有这样一个脍炙人口的故事：

著名的航海家哥伦布经历过这样一件事情，他发现新大陆后不久，在西班牙的一次欢迎会上，有位贵族突然口出狂言："发现新大陆并没什么了不起，这不过是件谁都可以办到的小事，根本不值得如此张扬。"这位贵族继续说道："哥伦布不过就是坐着轮船往西走，再往西走，然后在海洋中遇到了一块大陆而已。我相信我们之中的任何人只要坐着轮船一直向西行，同样会有这个微不足道的发现。"哥伦布听完贵族的这番"高论"之后，并没有表示丝毫的尴尬，只见他漫不经心地从身边的桌上拿起一个煮熟的鸡蛋，微笑着说："各位请试一试，看谁能够使鸡蛋的小头朝下，并竖立在桌上。"

众人绞尽脑汁、方法各异，却没一个人成功。哥伦布拿起手里的鸡蛋，用小头往桌上轻轻一敲，鸡蛋便稳稳地竖立在桌上了。那位贵族不服气地说："你把鸡蛋敲破，当然就能竖立起来，用这样方法我也能够做到。"哥伦布起身很有风度地环顾着在座的每个人说："是的，世界上有很多事情做起来都非常容易，不过其中最大的差别，就在于我已经动手做了而你们却至今没有。"

生活中，尽管行动并不一定会带来理想的结果，但是不行动则一定不会带来任何结果。

§ 如何行动

其一，行动要积极把握当下。学会观察走在你前面的人，看看他为何领先．学习靠协的做法；忙碌的人才能把事情做好，呆板的人只会投机取巧；优柔寡断的人，即使做了决定，也不能贯彻到底；善意需要适当

的行动表达。青少年们要切记：行动要趁早！

其二，做那些最擅长的事情。许多年轻人也有过伟大的理想，但是却总是摇摆不定。其实仅仅有理想是不够的，如果没有行动你将永远停留在起点上。要以一种积极的心态去面对自己所要实现的目标。只要有积极的心态，所有的疲劳和懈怠都会消失殆尽。积极的心态是一块强有力的磁石，如同花蜜吸引蜜蜂一样，将他人吸引到自己身边。如果你面对世界展现出阳光般的心态，你的朋友和同学会自然而然地聚集在你周围。你的热情会感染他们，影响他们，这样为自己的发展也提供了良好机会。

检验人的品质有一种标准，那就是做事时是否能全神贯注，以一种积极的心态面对自己的工作和所要达到的目标。我们有许多人花时间在做琐碎的、应付性的事情，而没有做最擅长的事情。我们要做最有利于达成目的的事情，充分发挥自己的能力，这样就可以获得更大范围的尊重。我们要静下心来想一想，我们为谁而活着？

青少年要明白不劳无获的道理，如果一个人不付出辛勤的汗水，怎么能得到香甜的果实？不付出实际行动，又怎能享受成功的喜悦？所以，想享受成功的喜悦，就必须先付出行动。那些只知道终日做着“天上掉馅饼”的梦，却不知道“天下没有免费午餐”的道理，光有梦想而没有实际行动的人，其结果只能是怨天尤人、自怨自艾。

艰苦奋斗，用实践铸就自强人生

青少年是为理想而奋斗的，而要想实现理想就必须通过实践。一位寓言家说得好:“理想是彼岸，现实是此岸，中间隔着湍急的河流，而实践就是架在两岸的桥梁。”青少年需要一份艰苦奋斗的信念 并使这种信念不断得到实践，只有这样，才能一步步迈向理想的殿堂。

1 敢于实践，才能铸就自强人生

曾有这样一句名言：“如果不敢去跑，就不可能赢得竞赛；如果你不敢去战斗，就不可能赢得胜利。”这句话告诉我们只有勇于实践，才能够获得成功，否则一切将是空谈。

§ 自强人生需要勇气

还记得赫赫有名的海伦·凯勒吗？她的生活不正是因为有了敢于面对生活的勇气，才显得更加丰富多彩的吗？她不到一岁就看不见花朵盛开时的美丽，听不到清晨鸟儿的歌唱了！然而，她不因命运的残酷而自暴自弃，她坚信：乌云始终遮不住太阳。于是，在敢于实践人生的勇气下，她于逆流而敞心扉而拼搏，于黑夜燃心火而进取，于惊涛之中吞日月而长存……

她让梦想随着自信起飞，更让梦想借助勇气飞得更高。骄阳，晒不枯她飞腾的翅膀；暴雨，淋不湿她对生活的憧憬；狂风，折不断她那搏击的翅膀……在一次又一次的飞翔过程中，她终于让自己“山重水复疑无路，柳暗花明又一村”。在经过了九九八十一难之后，她终于使心中的信念在辛勤地耕耘、浇灌和风雨摧残下开成满地的花朵，洞穿了与梦想的距离，叩响了信念之门，让梦想的白云飘成了帆。她奏响了生命琴弦上最动人的歌曲，闯出了属于自己的一片晴空，描绘出了人间最美的风景……

那种面对生活不甘心低头的勇气，那种敢于实践的勇气，那种面对困难挫折时勇往直前的勇气，到现在还深植在每个人的心中。亲爱的青少年朋友，美丽的浪花在岩石的撞击下绽放，人生价值在拼搏中体现。只要你有勇气，美丽的彩虹总有一天会出现在你的天空。

§只有勇于实践，才有成功的可能

在生活中，勇气固然重要，可是，纵使你有再多的勇气，如果只是在心里面想想，那最多也只是自己幻想一下。勇气的实现是要靠实践来完成的。实践二字，是人生中最实在的词。不管你多么有才，不管你多么优秀，不管你心里有多少想法，没有实践，一切都是零。在人生的道路上，需要你拥有敢于实践人生的勇气！

每个人都想获得成功、走向辉煌，但是，这并不是轻而易举的事。一个人要获得成功，就必须勇于实践。成功需要的并不是天才，而是实干家。

梅兰芳年轻时拜师学戏，起初师傅说他根本不是学戏的料，不肯收他。为了弥补天资的缺陷，他变得更加勤奋。他喂鸽子、养金鱼来练眼睛，每天穷追不舍，后来他的双眼终于熠熠生辉、脉脉含情，他也成为著名的京剧大师。

青少年时期，正是人生观和价值观形成的重要时期，所以，青少年最应该做好人生的规划，做好自己人生的设计师，然后，脚踏实地地去实践，让你的一生都过得成功、幸福且有意义。人的一生，其实就是一个不断去创造、去实践、去奋斗、去争取的过程，最关键的是要有勇气，要敢于行动。不断地挑战自我、超越自我，在实践的过程中，体现自己人生的价值。

光说不做非大智慧。只有把所有的勇气，都用于实践中，你才会感觉到那种实践后的快乐。但是，也并不是每一次实践都是那么的完美，途中也许会遇到各处困难，在你努力之后也许没有成功。这时，你不要气馁，更不要怕继续实践。尽管付出了不一定获得收获，但不付出就一定不会有收获。

人生的道路从来就不是一帆风顺的，它就像一条山路，有弯有直，有高有低，还会有坑坑洼洼的地方，偶尔也会摔一跤，但是这一跤是你走完这条路的“必需品”。这个时候，你只有再爬起来，振作起来，努力

走完这条路，才可能到达成功的终点。有句歌词不是这样说吗：不经历风雨，怎么见彩虹？没有人能随随便便成功。

做一个生活中的强者，做一个拥有勇气的强者，做一个敢于实践人生的强者，将这些观念深植你心，相信你一定会收获一个灿烂的明天！

2 行动，成就梦想的基石

有些青少年脑子里有各种理想和梦想，一说起来就天花乱坠，心潮澎湃，但是几乎都很难成为现实。原因何在？因为很多人都没有付诸行动，只是一味地空想，所以梦想就只能是遥不可及的梦想。如果总是在想：明天再做吧，那么很有可能就会推到明天的明天。因为明日复明日，明日何其多。

很多时候“没时间”只不过是一种借口，关键还是要看你是否愿意为之付诸行动。要知道行动远比等待有意义，坐着不动永远都不会有机会。所以，不管周围的环境怎样，只要心中还有信念，就要排除一切去做自己想做的，哪怕每天只是向梦想迈出一小步。当然，梦想不在于这么一小步，但梦想却又离不开这么一小步，它所代表的是你为梦想所付出的行动，有行动就有希望。如果一个人只会高谈阔论而从不付诸行动，那他和纸上谈兵的“赵括”又有什么区别呢？

§ 生命不能等待，不要让梦想落空

在这个世界上，有很多人的一生都浪费在了无谓的等待和空想上，因此从来没有体验过接近梦想的那种兴奋和愉悦。虽然他们的心中一直都有梦想，但却从未对梦想做过些什么，空有一腔的热情又有什么用呢？估计这个世界上向往马可·波罗的人大有人在，但真正像他一样的旅行家、冒险者还真少有。因为大多数人都没有马可·波罗那样拿根棍子拿

只碗，一路要饭也要去实现自己的梦想的决心与勇气。

青少年要以此为借鉴，不要总想着拥有一切时再去做。凡事有得必有失，这是亘古不变的道理，也许你拥有了这个，就失去了那个，永远也无法达到共有。况且，无尽的等待或多或少都会消磨掉内心对梦想的那份热忱与激情。因此，青少年如果心中有梦想，就要马上付出行动，一刻也不要等待，逐步行进，要知道每走一步就离成功更近一步。

§有了梦想就要努力行动

不要空想成功，任何一个愿望都有实现的可能，把这个可能变成现实就需要你付出努力。很多人不愿付出这个代价，只好让希望成为泡影。行动是很实际的一件事情，就像愚公移山一样，每天挖山不止，最后才可能搬走阻碍你向前的大山。

人生是要靠理想去支撑的，但成功的道路是要用行动去铺就的。行动是成功的阶梯，没有行动自然不会有成功，而行动越多自然会获取更多，也就是登上更多的阶梯，即登得越高。行动是成功的基石，再好的计划，再美丽的蓝图，再周密的设想，如果不付诸行动，永远是空中楼阁。从一定意义上说：行动才是成功的基石。没有行动的理想也只是空想。想一千遍，不如前进一步，一步一个脚印。要有脚印，有结果，即使不成功，即使还没有成功，都要一件一件地去做。

青少年也许都听过“千里之行，始于足下”这句话，可是真的踏出这一步时，却常常忘了提醒并鼓励自己拿出行动。要知道：一张地图，不论它多么详尽，比例多么精确，它永远不可能带着它的主人在地面上移动半步。任何宝典，永远不可能从它的字里行间就能倾倒出财富。只有行动才能使地图、宝典、梦想、计划、目标具有现实意义。行动，像食物和水一样，能滋润自己，使自己成功。

记住，你过去是什么样的行为，并不表示未来也须继续下去，如果你想改变目前的状态，现在就要拿出点行动来。

要记住萤火虫的启迪：只有振动翅膀的时候，才能发出光芒。要成为一只萤火虫，努力张开奋进的翅膀，让光照亮黑夜里的大地。成功是用自己双脚踩出一条属于自己的路，路要自己去踩，自己不走，叫别人

走，走出来的路不属于你；跟在别人后面走，其实是替别人走路。用自己的双脚踩出一条路来，才叫成功。流自己的汗，吃自己的饭，走自己的路，采自己的果，将自己的目标付诸自己的行动。

刘翔在中国可谓家喻户晓，他在田径赛场上取得的成绩不仅让中国人赚足了面子，也给整个亚洲赢回了不少喝彩。2004年在雅典奥运会上，他一举夺得男子110米栏金牌，以12.91秒的成绩打破了英国人科林·杰克逊1993年在斯图加特创造的世界纪录，全世界的人都被这个20岁的中国小伙子震惊了。一时间刘翔的身价倍增，成为中外商家的宠儿。刘翔能够取得如此瞩目的成绩，并不是偶然，也不是运气，这与他的努力是分不开的。

年少时的刘翔就对奥运健儿有着一种特殊的好感与热情，梦想着自己有一天也能够成为其中的一员，不过刘翔并没有将自己的梦想藏在心中，而是化成了力量与行动。当然，在各项条件都还不成熟时，他所能做的并不多，他只是一心想把自己的身体锻炼好，这是一个运动员的基本。没有强健的体魄，要想进入奥运为国争光便都将成为无稽之谈。刘翔当然明白这个道理，于是他坚持做好每一项锻炼，就像他自己所说的，他的成功只是他为了梦想按部就班，做好应做的事，通过自己不断的努力得来的。最终，皇天不负有心人，刘翔的梦想在行动与艰辛中实现了，这个黄皮肤、黑头发的中国人创造了让全中国人，甚至是全世界人民震惊的成绩，为国家赢得了一份光辉与荣耀。

刘翔用事实告诉人们，实现梦想的关键是能否果断地采取行动，行动才是最强大的力量。如果说理想是成功的蓝图，那么行动就是成功的基石。倘若只是空有一腔报国热情，却总是坐等机会，那么成功永远也不会来光顾你！

斯宾塞说过一句话："我们必须记住学习的时间是有限的，不只是由于人生短促，更由于人事纷繁，我们应该力求把所有的时间用来做最有益的事情。"对于现在的青少年来说，更应该为自己的理想付诸行动，即使最终的结果不那么成功，不那么尽如人意，但至少自己努力了，至少做到了问心无愧。生命有限，人生苦短，只要心中有梦想，就要用心、用行动去做，不要让自己的人生留下遗憾。

小提示

有理想就会有动力，有动力就要付出行动，有了行动才有可能迈向成功，坐着不动永远不能和机会有交叉点。有很多人带着梦想活了一辈子，却从来没有认真地去尝试实现梦想，而且对于做不成的事情或者还没有做的事情，总是找一个理由或借口来为自己开脱，很少有人把原因归结到自己身上，然后继续过平庸的日子，让梦想躺在身体里的某个角落呼呼大睡。如此态度，机会怎么可能会不招自来呢？更何况现在社会竞争是那么的激烈，对于新时代的青少年来说，不仅要有远大的理想，还要有付诸行动的勇气，把握每一次机遇，最终走向成功。

3 说到不如做到——马上实践

英国首相本杰明·笛斯瑞利曾指出，虽然行动不一定能带来令人满意的结果，但不采取行动就绝无满意的结果可言。因此，如果你想取得成功，就必须先从行动开始。一个人的行为影响他的态度，行动能带来回馈和成就感，也能带来喜悦。说得再多也不如行动，行动是成功最有力的保障。

日常生活中有很多人，在开始时都拥有很远大的梦想，只是他们未采取行动去实现这些梦想，缺乏决心与实际行动的梦想于是开始萎缩，种种消极与不可能的思想衍生，甚至就此不敢再存任何梦想，过着随遇而安、乐天知命的平庸生活。

世上最可悲的一句话就是：“我当时那么想，但我却没有那么做。”一个好创意胎死腹中，真的会叫人叹息不已，永远不能忘怀。如果真的彻底施行，当然就有可能带来无限的满足。

§ 心动不如行动

“行成于思，行胜于言”，这句话已经成为大多数人的行事准则。的确，理想是成功的蓝图，行动是成功的基石。如今的青少年早已具备很好的学习条件，为了实现理想就必须有所行动。千万次的空想都不如一次脚踏实地的行动来得实际。不怕想不到就怕做不到，心动不如行动。做了也许会有收获或者是失败，但什么都不做一定是一无所获。

从前有一个和尚，他下定决心要到南海去，但是南海远在千里之外，这个和尚身无分文，又没有可以乘坐的交通工具，要到那里谈何容易？不过，他并没有被眼前的这些困难所吓倒，他的脑中只有一个信念，那就是一定要到达南海。

于是他便一路上依靠化缘、徒步向着南海的方向走去。路过一个小村庄时，他碰到了一户比较有钱的人家，那家的主人看着衣着破烂不堪的和尚，便问道：“你这是要到哪里去？”和尚坚定地回答道：“我要到南海去！”有钱人听完忍不住哈哈大笑起来，说道：“就凭你这样也想到南海？别做梦了，说实话我也一直都有去南海的念头，不过目前还没有准备充分。像你这样贫穷的人，恐怕还没有到达南海，就会累死饿死了，我劝你还是趁早找个安稳的寺庙安稳度日吧！”有钱人的话并没有让和尚就此改变主意，他仍旧固执地说：“我迟早会到达南海的！”果然几年后，和尚凭借着他坚强的毅力和实际的行动到达了他梦寐以求的圣地。当他从南海返回的途中又经过那户有钱人家时，那个富人还在准备他的南海之行。

可见，雄心大略固然重要，而更重要的还在于行动，在于行动中有没有坚韧的毅力，有没有顽强的信念。行动是最真实、最有力的战胜困难的武器，不论你面临着如何艰难的挫折和挑战，只要能下定决心，用行动去战胜它，就会离成功更近一步。千万不要做一个不切实际的空想家，要知道它不会对你有任何的帮助。

§行动是成功的唯一途径

有一个很落魄的青年，每隔三两天就到教堂祈祷。第一次，他来到教堂跪在圣坛前，虔诚地低语："上帝啊，请念在我多年敬畏您的份上，让我中一次彩票吧！"每次来到教堂中他都用这一句相同的祷词，没有任何的改变。

几天后，他又垂头丧气地回到教堂，同样跪着祈祷："上帝啊，为何不让我中彩票呢？请您让我中一次彩票吧！"又过了几天，他再次去教堂，同样重复着说："我的上帝，为何您听不到我的祈求？让我中彩票吧！只要一次就够了！"就在这时，圣坛上突然发出一个洪亮的声音："我一直在垂听你的祷告，可是，最起码你也应该去买一张彩票吧！"

上面的这个故事告诉我们：一旦有了梦想，就必须用行动去实现梦想。如果有梦想而没有努力，有愿望而不能拿出行动来实现愿望，这是不足以成事的。只有下定决心，历经学习、奋斗、成长这些不断的行动，才有资格摘下成功的甜美的果实。否则很多美好的机会将会错过。

人们常说，好的开始是成功的一半。而事实上，只要开始行动，就算获得了一半的成功。冰心在《繁星·春水》中写道："言论的花儿，开得愈大，行为的果子，结得愈小。"因此，人不能只生活在浮想中，一味地空想，而不努力去实现自己的理想，其结局只能悔之晚矣。要想得到丰富的胜利果实，心动往往是不够的，唯有用你勤劳的双手去耕耘，那么，对于你而言，成功便不言而喻了。其实，只要你开始行动，无论结果成败与否，最终都会无怨无悔。

一般而言，生活中最容易出现两种类型的人：第一种人就是每日每夜都泡在幻想中不能自拔，想从他身上看到一点行动是非常难的。第二种人便是善于把想法落实到计划中，成为一个敢于行动的人。想一下自己，你是哪一种人呢？总结一下自己的经历，是很容易就能找到答案的。

实际上，我们都知道最了解自己的莫过于自己。但是，就是这个看似人人皆知的问题，却没能够引起青少年的足够重视。因此，他们抱怨"心想事成"这句话是错误的。其实，这句话本身并没有错，只是很多人把想法停留在幻想的空间中，而不落实到具体的行动中，所以，就会

常常出现竹篮子打水一场空的结果。当然，也有一些想得多而做得少的人。不可否认，这些人要比那些纯粹的“心动专家”要好一点，不过在一般的情况下他们也是很难取得成功的。当岁月匆匆流逝，你就会发现，理想仍然是理想，它还是天幕远景上的海市蜃楼，你就会像那个挖井人一样，终于一无所获。行动的力量是巨大的，你不能做言语的巨人，行动的矮子，面对困难，你不能举着放大镜。其实和困难斗争一番后，你就会发现困难原来不过如此。

行动是一个敢于改变自我、拯救自我的标志，是一个人能力有多大的证明。面对理想和现实的矛盾，你只有付诸行动，通过努力，克服生活中的各种困难，人生的辉煌才会徐徐展开。所以，在树立理想的同时，不忘坚持刻苦努力，以顽强的毅力去拼搏，用一种不达目的誓不罢休的信念向困难冲击，就一定能战胜困难。也许你在付出行动前，会叹息一件事的成功是那么艰难；可当你行动起来时又会突然觉得原来也不过如此。当然你可能会失败，但失败会铸就你顽强的品格和坚忍的意志，最终把你推向成功。这就是行动的力量。你有多少喜悦，多少哀愁，都在成功之后再发泄吧。

行动是成功的基石。成功路上没有享福可言，要成功就要饱经风霜，历尽千辛，朽木亦可成舟。中国的史圣司马迁矢志不渝，在漫长苦闷的生活道路上，以超人的毅力忍辱负重，终于完成了不朽的杰作《史记》；化学家诺贝尔的炸药实验虽然使亲人丧命，自己身负重伤，但仍旧坚定不移地工作；伟大的革命导师马克思，更是理想与信念结合的典范，在伦敦图书馆他的座位下，竟有他读书时放脚留下的沟痕……毫无疑问，那些成大事者都是勤于行动和巧妙行动的大师。古今中外，无一例外。在人生的道路上，“用行动来证明和兑现曾经心动过的心动”，这是你最需要的。

你渴望走到胜利的彼岸吗？千里之行，始于足下。那就用实践行动去实现心中的梦！

汗水与成就是成正比的，只要你付出了就会有收获。其实，人的威力也会变得巨大无比，许多令人难以想象的障碍也能被你轻松突破，当

然前提是：你必须行动起来。每一次发奋努力的背后，必定有加倍的赏赐。过程是艰辛的，成功是幸福的。一寸光阴一寸金，寸金难买寸光阴。还犹豫什么，行动吧！成功与失败之间只有一层蝉翼薄纱，跨越了它，胜利就唾手可得。

4 凡事三思而后行

孔子曰：三思而后行。笛卡尔说，我思故我在。古今中外的先哲们都把思考作为生命的一部分，一个人若停止了思考，活着也没有了价值。思考是生命的灵魂，一个人没有了灵魂，就等于是行尸走肉。

思考的力量是巨大的，因为人类一切伟大的创造和毁灭都源于思考。因为思考，巧妇可为无米之炊，因为思考，天堑变通途……方法总比问题多，像学者一样思考，一切问题都会迎刃而解。

人总是在不断成长的。身体的成长，使我们的外貌显得亭亭玉立、英俊潇洒。但是，我们也需要“心灵的成长”、心智的成熟。这就是要我们遇事要冷静、做事要成熟……总结成一句话：“凡事三思而后行”。

§明辨是非，三思后行

“三思而后行”，这是一句多么简单而深刻的话呀，它是长者的建议，智者的忠告；它是悟者的提醒，迷者的机会。

有些人做事前没有“三思”，只是图一时之快，正如一幅漫画反映的那样，男孩想要尽快砌好围墙，从而显示自己的技术，却忽略了“三思”的过程。以至于在为满意的成果而高兴时，发现没有为自己砌一个出口。

这样的故事，也许你看起来会笑。那么，笑过之后，也请你思考一下，自己是不是也曾经犯过这样的错误。试想，他但凡能够多思考一下自己将要做的事情会带来的结果，还会犯这样的错误吗？在这个世界上没有卖后悔药的，因此青少年要用心做事，做事前多花一些时间去思考，明确自己的目标与出发点是否正确。轻生的人如果想一想自己的做法将会给亲人带来多大的痛苦，那么他们还会选择轻生吗？

我国每年都有大量的青少年因发生了意外事故而丧失了宝贵的生命。诸如溺水、自杀等死亡事件令所有关爱他们的人痛不欲生。青少年处于人生观、价值观的形成阶段，思想还不够成熟和完善，所以在做什么事情之前，一定要学会思考，以免发生不测。在做一件事情时，要仔细而又认真地想一下，这样或者那样做是否正确，是否会带来不利的影响，也就是要做到三思而后行。永远健康和幸福是每一个父母寄予孩子的美好愿望，所以每一个青少年遇事一定要三思而后行，以一个冷静的大脑和平静的心态去处理事情。

§会思考即是一种力量

有句名言这样说道："人是会思考的芦苇，因其草木，所以孱弱，而唯有思考，令其强大。"这句话告诉我们如果学会了思考，懂得慎思慎行，我们就会成为一个有力量的人，一个强大的人，因为会思考即是一种力量。

三十多年前，日本北海道曾经有一个穷诗人——龙太郎。几乎没有人欣赏他写的诗，即使勉强有人愿意买，也只愿意出几日元的价钱。这使得他整日过着穷苦的生活，连一日三餐都维持不了，写诗的工具也只不过是几张稿纸和一支削得极短的铅笔。

偶然的一天，他在修改诗句时，一时找不到橡皮擦。好不容易找到一块，擦完之后却找不到铅笔了。他找得满头大汗，却依然一无所获，这使得他很恼火。于是在冷静之后，他想了一个办法：把橡皮擦与铅笔用丝线缚在一起，这样可以避免两者分离难找。但这种方法并不理想，使用一会儿橡皮擦就掉了下来，很不方便。最终他想了一个办法，他剪下一块薄薄的铁片，将铅笔末端和橡皮擦包裹起来，然后压了两道浅渠，于是它们就紧密地连接在一起了。这样，使用时就再也不会掉下来了，从而给写作带来了极大的便利。

看似一件微不足道的事情，却给龙太郎带来了一个发财的机会。他

想：今后的铅笔都能带着橡皮擦，定会受诗人、作家、画家和学生们的欢迎。他越想越觉得此事很有前途，应该把这项“创造”申请专利。于是他借钱到专利局办理了申请手续，结果很快就申请下来了。没过多久，这项专利就被某个铅笔商买下了，而龙太郎一下子就获得了500万日元。他当年因为善于思考的偶然发现，却使如今众多的人都在受惠。

这件事情告诉我们：如果善于思考，懂得思考，人生就会有转机和奇迹发生。一个能思考的人，才是一个真正有力量的人。思考是人类成功的阶梯，思考是人类最伟大的力量。

所以在日常生活中，青少年一定要养成思考的习惯。也许你会轻蔑地说：这有何难？我们每天都在不停地思考，所做的每一件事都是“三思而后行”的结果。如果真是这样，为什么还会因为一句话不悦而动手打架？为什么还会有为了玩而逃课的事情发生呢？

所以还是要把“谨于言，慎于行”的古训铭记在心，让自己的言行和谐于自己的心灵，凡事多想想、不固执、不任性，那才是青少年“无悔”的洒脱。

思考是黑暗中的光明，是绝境中的村落，是迷途中的指南，是汪洋中的灯塔；陷入困境时，紧张慌乱是徒劳的，为何不让自己静下来，镇定地思考一番呢？学会思考，往往会另辟蹊径，在绝处逢生，开拓一片蔚蓝的天空。青少年应该在生活中学会思考，在成长中学会思考，让自己在失败与成功中体验思考的快乐！

5 用目标为成功指路

人因为有梦想而伟大，没有目标的人生是没有意义的。目标是人生航行中的灯塔，有了目标，人就具有排除阻碍、勇往直前地向着成功前进的动力。

或许有人会说，过程比结果更重要，但要知道只有明确目标的引导才能使你一生的奔忙不致失去方向。

在波浪滔天的大海中航行，假如没有灯塔的指引，就很有可能偏离航线或触礁沉没，无法到达理想中的彼岸；在茂密荫翳的原始森林中穿行，假如没有指南针的指引，也不会观察日月星辰，即使拥有强壮的身体，也很难走出森林；在漫漫的人生长路上，假如没有一个明确的人生目标，无论你多么努力，也不会取得任何成功，最终只能是一事无成。

§带着目标上路

在现实生活中，如果一个人没有奋斗目标，那么他的人生一定是以挫败结局的；相反，他的人生就会变得充满意义，什么事该做，什么事不该做，为什么要做，应该怎样做，这一切都会清晰，明朗地摆在面前。

在现代社会中，一个有目标的人，毫无疑问会比一个没有目标的人更有作为。可能所设定的目标不能完全实现，但成功的概率却会大大高于那些没有人生目标的人。所以，确定自己的目标很重要，可以说目标决定了人生的走向。

在英国的北部，有一个叫约旦的小男孩，他的父亲是位马术师，他从小就跟着父亲东奔西跑，一个马厩接着一个马厩，一个农场接着一个农场地去训练马匹。由于经常四处奔波，男孩的求学过程并不顺利。初中时，老师叫全班同学写作文，题目是长大后的志愿。那晚他洋洋洒洒写了7张纸，描述他的伟大志愿，那就是想拥有一座属于自己的牧马农场，并且仔细画了一张200亩农场的设计图，上面标有马厩、跑道等的位置，然后在这一大片农场中央，还要建造一栋占地500平方英尺的巨宅。

两天后他拿回了作文，上面打了一个又红又大的F，旁边还写了一行字：下课后来见我。脑中充满幻想的他下课后找老师不解地问："为什么给我不及格？"老师回答道："你小小年纪，就做白日梦。你没钱，没家庭背景，什么都没有，就想盖农场啊？盖座农场可是个花钱的大工程，无论是买地、买纯种马匹都是需要花大钱的，甚至还要花钱照顾它们。"他接着又说，"如果你肯重写一个比较不离谱的志愿，我会给你打

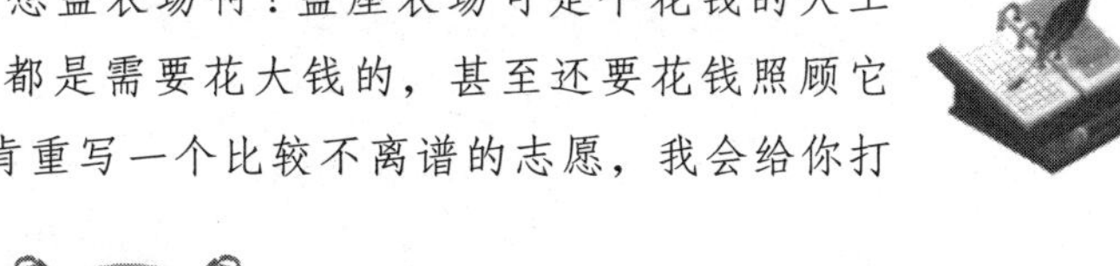

你想要的分数。”约旦回家后反复思量了好几次，然后征求父亲的意见。父亲只是告诉他：“儿子，这是非常重要的决定，你必须自己拿定主意。”再三考虑几天后，他决定原稿交回，一个字都不改，他告诉老师：“即使拿个大红字，我也不愿放弃梦想。”

20多年以后，这位老师带领他的30个学生来到那个曾被他指责的男孩的农场露营一星期。离开之前，他对如今已是农场主的男孩说：“说来有些惭愧。你读初中时，我曾泼过你冷水。但我很高兴也很庆幸你有这个毅力坚持自己的目标。”

拿破仑曾说过：“一个不想做将军的士兵不是好士兵。”人的一生不能没有一个目标，目标对于成功，犹如空气对于生命一样重要，没有目标的人是不可能成功的。“凡事预则立，不预则废”，机遇偏爱那些有准备的人。青少年无论是在学习过程中，还是在生活当中，都需要有一个目标，有了目标，就有了去拼搏的动力，才能使自己有无穷无尽的力量去克服困难，去挑战困难，从而赢得成功。

在美国著名的哈佛大学里，一些科学家对该校应届毕业生做了有关“目标对人生影响”的跟踪调查，调查对象是一群智力、条件等方面都差不多的年轻人。25年之后，统计结果出来了——3%的人有清晰且有长期的目标，25年都没改变，一直在不懈努力着，他们几乎都成了社会各界的顶尖成功人士；10%的人有清晰的短期目标，他们大多生活在社会中上层，他们的共同点是不断按照短期目标前进，成了各行业的专业人士，如主管、工程师、律师、医生等；60%的人目标模糊，他们能安稳地生活与工作，但都没有什么特别的成绩；剩下27%的人没有任何目标，他们基本上都生活在社会的最底层，生活常常不如意或失业。

由此可见，目标对一个人来说是多么重要。目标是一盏明灯，照亮了一个人的生命；目标是一个路牌，在迷路时为你指明方向；目标是一方罗盘，给你导引人生的航向。作为21世纪的青少年，一定要为自己确定一个目标，明确自己人生的奋斗目标。

§目标让你勇往直前

目标给了我们生活的目的和意义。当然人生也可以没有目标地活

着，但是要真正地活着，快乐地活着，就必须有生存的目标。伟大的艾德米勒·拜尔德说："没有目标，日子便会结束，像碎片般地消失。"

对于没有目标的人来说，岁月的流逝只意味着年龄的增长，平庸的他们只能日复一日地重复自己。如果你想成为梦想中的自己，就以此作为自己生活的核心目标，让它成为点亮自己的"北斗星"。"我要让每一个家庭的办公桌上都有台小型电脑"这一目标让比尔·盖茨成为世界首富。目标可以使穷人产生积极性，无论你在前进的过程中遇到多大的困难，只要想到自己的目标，你都能勇往直前。

世界著名的石油大王约翰·洛克菲勒年轻时，也曾有过一段无聊彷徨的岁月。

有一次，他漫无目的地出了家门，随便搭乘了一位农民的马车。坐在马车上，这位农民问他要去哪里，约翰·洛克菲勒就引用惠特曼的诗句回答说："我将去我喜欢的地方，让漫长的道路将我带到遥远的地方。"农民很惊讶地问了一句："你竟然没有一个明确的目的地！"说完便停下了马车，将他赶了下来，并严厉地告诉他："游手好闲之徒，你应当找份正当的职业，挣钱过日子。"

这位农民的话让洛克菲勒猛然醒悟，从此他立志干一番事业，做一个对社会有用的人。后来，经过多年奋斗，他终于凭借自己的聪明才智建立起一个庞大的石油帝国。在他晚年，还经常以这件事来教育自己的子孙——人生不能没有明确的目标。

这个故事告诉我们：一个人只要有明确的奋斗目标，就会产生前进的动力。因为目标不仅仅是奋斗的方向，更是一种鞭策动力。有了目标，就有了热情，有了积极性，更有前进的动力。罗曼·罗兰说过："一种理想，就是一种力。"一个非常聪明的人，一定是一个有理想、有追求、有上进心的人，一定有明确的奋斗目标，因为他们知道他们为什么要活着。

§感悟

目标是人生前进的方向，目标是人生前进的灯塔，人生没有目标就只能庸碌无为地度过一生，做事没有目标只能与失败为伍。所以，

青少年朋友一定要养成不管做任何事都要先制定目标的习惯。只有这样，你才会了解自己的内心需求，明确自己的人生方向。向着目标不懈努力，方能到达成功的彼岸，方能收获成功，方能收获人生的喜悦与幸福。

没有明确目标的人生是残缺的人生，没有明确目标的人生是苍白无力的人生，没有明确目标的人生是注定要失败的人生。人生目标是你生命中的北极星，是你事业的灯塔，是你前进的动力。因此，在生活中，你若想取得成功，就一定要学会在做每件事之前，制定明确的目标，那么，你的前途将会无限光明。

6 有付出才会有收获

在这个世界上，伟大的事业源于平时不间断地积累和努力。只有认真地把当前的事情做好，才能逐步地迈向成功。如果只是空有一个伟大的抱负，却不懂得从现在做起，那么一切都将只是空谈。因为有付出才可能有收获。

想成为一个高素质的青少年，绝不仅仅是知识和智能的较量，更多的则是意志和毅力的较量，没有吃苦的精神和能力，是不可能在激烈的竞争中获胜的。人们常说："只管付出，不望回报；只讲奉献，不讲报酬。"这句话其实是一种对人性心理的错误说法。事实上，只要你付出了，就一定期望能得到相应的回报。虽说付出是艰辛的、耕耘是辛苦的，而收获与成功却是喜悦的。假如没有艰辛的付出，怎么能有收获的喜悦呢？只有付出，才能知道成功的喜悦。

§ 勤于付出，才会有回报

漫长的人生历程，你永远不知道等待你的下一站是什么。然而，活着的意义不是追求一劳永逸，而是用心体会生命中的苦与乐。丰收本身不可定，有的时候风雨兼程换来的却是一无所有和无比失落，而有的时候，却是那无比甜蜜的丰收硕果。但不管怎么样，在丰收前，你必须要付出自己的汗水，这一点是毋庸置疑的。

在卡尔还很小的时候，他的父亲患了严重的眼病，花了很多钱，寻访了许多医生，然而父亲的眼睛还是没有能够保住。从那时候起，卡尔发誓要做最好的医生，帮助那些像他父亲一样的人，使他们可以重见光明。为此，他放弃了和伙伴们玩耍的时间，并且不结交学业以外的朋友，目的当然只有一个：节省下一切时间，为了心中的梦想努力学习。

卡尔家原本就不富有，父亲失明后，更是陷入了贫困。所以卡尔大学毕业时，在工作和继续深造的十字路口犹豫不定。这时他的母亲，一位普通的家庭主妇鼓励他下定决心，她说："不要让眼前的东西迷失了自己的眼睛，如果你已经选择了就不要轻易放弃，要坚信一切的付出都是有回报的。"听了母亲的话，卡尔放弃了唾手可得的高薪工作，继续攻读他的学业。几年后，他终于成为美国医学界令人惊讶的后起之秀。

卡尔选择了自己的梦想并为之付出了努力，最终把梦想变成了现实。在现实生活中，人们总是会感到，自己付出很多，但得到的却很少，更有甚者付出也没有回报，越来越多的人认为付出和回报是不成正比的。其实这种想法是不对的，也是片面的。人类的欲望是无限制的，总希望这个世界给他们多少回报，却忽略了自己到底为这个世界付出了多少。正如人们总是看到成功者收获的鲜花和掌声，却都忽略了他们为之付出的艰辛和血泪。

很多青少年总是认为自己是那么渺小，永远没有办法预知自己在经过凄风苦雨的奋斗以后，会得到些什么。其实，每个人都是伟大的，因为你拥有着自己的法宝：灵巧的双手和一个聪明的头脑，来为自己的将来去奋斗，去挥洒汗水，谱写生命的乐章，体验人生历程中的酸甜苦辣！

§一分耕耘，一分收获

不劳而获的事情是不存在的。常言道：“一分耕耘，一分收获”，有了辛勤的劳动，你才会有成果。爱因斯坦曾经说过：“在天才和勤奋之间，我毫不迟疑地选择勤奋，她几乎是世界上一切成就的催生婆。”纵览古今中外，哪个成功人士不是付出了许多，才取得了丰硕的成果呢？人们都为王羲之的书法竖起大拇指，连连称绝，可他身后又有多少默默无闻的付出呢？他每天勤学苦练，竟然染黑自家门前的河；还有“批阅十载，增删五次”的曹雪芹；语不惊人死不休的杜甫；闻鸡起舞的祖逖……我们只能感叹：他们的成功源于勤奋地付出！世上没有惊人的神话，只有默默无闻浇灌出的成功……

在2004年的雅典奥运会上，刘翔脱颖而出，夺得110米跨栏的冠军，并以打破纪录的骄傲感动了中国人、震撼全世界。之前，几乎所有人都认为，百米短跑冠军只会是那些身强力壮的西方人的专利，但是刘翔在全世界人民面前改写了历史，把这顶桂冠戴到了黄皮肤黑头发的人身上，实现了中国人的多年梦想。他是靠运气吗？不是。大家应该知道，在这鲜花、掌声与成功的背后，付出的是艰辛！当然，每个人都可以想到这背后一定有付出，但大家或许想象不到他每天进行高强度训练的汗水，想象不到每天长跑、跨栏等训练的酸楚。一块金牌，一个奖杯的身后凝聚着多少运动员的心血与汗水呀！这是他咬紧牙关、奋力拼搏换来的。若非一番寒彻骨，哪得梅花扑鼻香！世间自有公道在，有付出总是会有回报的，只要你勤于付出。

所谓种瓜得瓜，种豆得豆，无论做什么事情，只要付出了就会有回报。当你在“付出”的同时，也种下了自己将来的收获。它可能不会立竿见影地马上回报给你，但它总会在将来的某一天、某一时间、某一地点，以某一方式等你需要的时候回报给你。如果你曾不断地付出，那么你就一定会获得加倍的回报。

卡莱尔也曾说：“天才就是无止境刻苦勤奋的能力。”因为只有肯付出，才能实现自己的目标，收获的时候才会有让你满意的成果。如果说，成功是一棵常青树，那么浇灌它的必定是辛勤的汗水；如果说，成

功是一株不败的鲜花，那么照耀它的必定是心中默默无闻的太阳。是的，成功绝非偶然，成功的背后总有成功者默默无闻的努力！

有付出总会有回报，“播种什么，收获什么；付出什么，回报什么”。这是一种循环，一种法则，它是无法逾越的。成功与失败，正如天平一样，可以准确地称量一个人的付出与回报，谁重谁轻绝不偏袒任何一方，你为它付出了多少，相应地它就会给予你同等的回报。说到不如做到，要做就要做到最好，只有让自己付出，让自己做到最好的时候，你的生活才会更加的美好。

7 要做到学与实践相结合

人类进入二十一世纪，知识经济的时代已经来临。知识经济时代的竞争，说到底是人的素质与能力的竞争。在这样的时代里，能力已成为一种不折不扣的资源。而能力就是在自己不断地学习与实践中积累起来的。所以，青少年在学习中，要不断地将书本知识与实际动手能力结合起来，使自己的知识能力与实践能力同时提高。

学习的最终目的是为了运用，而只有那些善于把所学知识运用到实践中去的人，才是一个真正优秀的人，他的生活才会过得快乐、安全、自由。当青少年具备了学以致用的好习惯以后，就会在生活中积极地把学习和实践结合起来，以学习促进实践，以实践带动学习。从而变成一个对社会有用的人才。

§ 学以致用

学习的目的是学以致用，也是学习的至高境界，青少年的学习更是如此。

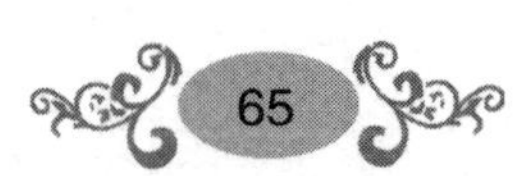

理想的学习状态应该是有反馈地学习，而不是僵化地接受。因为知识可以创造无穷的价值，但只有学以致用才能体现知识的价值。如果脱离现实，只能让知识变成乌托邦，让理想变成乌托邦，让追求变成乌托邦，最终只会害了自己。这对于正处于接受知识教育的青少年来说是极为不利的。

现实中，大多数青少年都缺乏学以致用的习惯和意识。如果青少年能够在日常的生活中，把自己学到的知识灵活地运用起来，就会逐渐地培养自己对知识的应用能力，那么，在下次遇到困难时，就会习惯性地采取行动，运用自己身上潜在的实践能力来解决问题。由此可见，学以致用是一种能力。

学到的知识不能经过自己的思维整合，不能经过归纳、总结、引申等种种方法，在头脑中形成一个知识的有机链接，就不能称之为自己的东西，所学从前门进入，徘徊一圈又从后门出去了，根本没有知识的积累。长此以往，一部分青少年就会越学越吃力，造成恶性循环。所以，青少年应该把学以致用变成自己的一种能力。

当你能够把学以致用变成一种学习的能力，你就成功地掌握了正确的学习方法。学以致用不仅是一种很好的学习习惯，更是一种正确的学习方法，掌握了学以致用后，那么接下来的学习将会变得很轻松。

从学习中懂得人生，从学习中懂得实践，然后养成一边学习，一边实践的好习惯，青少年的人生才能变得更加精彩。所以，青少年在学习中应追求更高的学习境界，然后使学习成为一件愉快的事。

§实践出真知

世界上有些事情只有当自己亲自去实践过才会发现其中的奥妙。了解自己不了解的、不知道的事情，未尝不是一件好事。所以迈出你的双脚走出去，到实践中去找寻你的答案。对于青少年则更是如此，唯有实践才能出真知，所以在学习的过程中，青少年就要努力地把所学的知识运用到实践中去，学以致用，这样可能会有更多的收获。

有这么一则寓言，说是有一个哲学家要过河，所以他就去河边叫一个船夫。在过河期间，他想向船夫炫耀一下自己的博学多才，就问船夫："你懂数学吗？""不懂。"船夫说。"你的生命的价值失去了三分之一，"哲学家说。"你懂哲学吗？""更不懂。"哲学家感慨道："那你生命价值就失去了一半！"

过了一会儿，过来一个巨浪，一下子就把船打翻了，哲学家掉进河里。船夫就问："你会游泳吗？""不会，不会！"船夫说："那你的生命价值就失去了全部！"

故事中的哲学家虽然满腹才学，但是却连最根本的自救都不会，最后终将丧失宝贵的生命。连一点儿社会实践都没有，还去高谈阔论自己的才学。其实，不懂得实践的人，就算你有再大的能力，在实践面前，将永远是一个零。

青少年只要懂得实践出真知的道理，就会在实践中不断地提高自己，因为纸上得来终觉浅，绝知此事须躬行。其实不听不如听之，听之不如亲眼所见，眼见不如认识懂得，认识不如亲手变革的行动，学习达到了会干、会做的程度，就到头了，会做、会干就意味着认识了、懂得了。这段话隐喻了知与行的关系。所以我们应该懂得所有真正的道理都是在实践中得来的。

青少年是祖国的未来，唯有永远地学习，才能够让自己立于不败之地。更重要的是要让学习和实践相结合，才是学习的最高境界。用知识创造生活，你的人生就会树立起永不沉沦的风帆。

毛泽东也这样说过："你要有知识，你就参加变革现实的实践。你要知道梨子的滋味，你就得变革梨子，亲口吃一吃。"由此可见，学会把知识和实践相结合是人们学习的一个必然要求，也是一种必备能力。否则，大脑里的所有知识就没有意义可言。

8 大胆的创新，让实践更丰富

创新是一个国家和民族发展的不竭动力，它不断地推动我们的社会向前发展，可以说从地球上出现人类的那一刻起，创新就从未停下过它的脚步。

爱因斯坦就是一个成功的创新者，他在25岁时敢于打破权威圣圈，大胆突进，提出了光量子理论，为物理学做出了突出的贡献。随后他又不顾一切锐意破坏了牛顿的绝对时间和绝对空间的理论，创立了影响久远的相对论，成为创新界的典型。

著名的作家鲁迅说过："我们要感谢敢于第一个吃螃蟹的人。"是的，有了创新，社会才能进步；有了创新，人类才能成功。进入21世纪的知识经济时代后，创新越发显示出它在新世纪中的伟大意义和作用。对于国家的栋梁之材——青少年来说，创新是什么？它又意味着什么？

§大胆创新，就会有奇迹发生

在经济快速发展的今天，几乎人人口中都在呼吁创新。那么，什么才叫创新？创新是科技得到发展的动力和源泉，是知识经济社会的灵魂。一个没有创新精神的民族，根本难以招架知识经济的挑战。

青少年是国家未来的希望，是全面建设小康社会的主力军，倘若他们不懂得创新，不敢于创新，那么我们的国家还谈何发展？谈何赶超世界先进水平？撇开这样一个大的范围，缩小到每个青少年的身上，相信每个人都十分渴望成功，但是想要取得成功又谈何容易？所谓"谋事在人，成事在天"，如果一个人不具备成功最基本的前提——创新，那么他个人的成功就无法获得，还拿什么来报效国家呢？

可能有些青少年会认为，创新的能力是与生俱来的，自己天生就不

具备这样的能力，是不可能创造奇迹的。这种想法实在是大错特错。创新的能力并不是生来就有的。当然，这种能力和先天性确实有着不可分割的联系，但并非所有的创新能力都是由先天性决定的，它必须要有一个知识积累、社会积累的过程。可以说，一个人创新能力有很大一部分是在后天的锻炼中形成的。因此，过去不成功不代表未来不成功，现在成功也并不代表以后还会成功，只有不断创新，才能有持久的辉煌。

我国著名的画家齐白石先生，原本只是一个名不见经传的小木匠，出于对画画的热爱而发奋练习，在没有拜师的情况下，靠着坚强的毅力自学成材，最终成为国际上知名的画家大师，还获得了世界和平奖。不过，面对如此大的成就，齐白石老先生从来没有满足过，他不断地汲取历代名画家的长处和亮点，并将其运用在自己的作品中，从而改变自己作画的风格。他 60 岁以后作品风格，明显地不同于 60 岁以前的风格，到了 70 岁以后他的画风又改变了一次，80 岁以后再次出人意料地改革创新。总之，齐白石先生一生都在不停地改变画风，出其不意地进行创新。据说他的一生共五易画风，也正是因为齐白石在成功后仍然马不停蹄，努力进取，所以他晚年的作品才更加成熟，自成一派。

齐白石先生的故事说明：只有不断创新，才能持续成功。青少年要想让自己具备创新的精神，就得不断地培养自己的创新意识，平时多在老师的指导下或自己动手组织一些小革新、小发明活动，也适当地锻炼一下自己的创造性思维和动手实践能力。不要总是局限于某一行为模式，要明白只有敢想敢闯敢干的人，才能够更快更好地适应这个科技日新月异的现代社会。

§因为创新，所以精彩

有人说过这样一句话：“改变你的想法，才能改变你的世界。”是的，只有跳出传统思维模式的框框，心中的天地才能广阔无垠；画地为牢，只能将自己死死地困在一个圈子里，如同一个井底之蛙，明明是自己愚蠢却还嘲笑他人的无知。

1968 年，全世界瞩目的奥运会在墨西哥举行。美国一位年轻的跳

高选手迪克·福斯贝利，出人意料地在比赛时采用背对跳杆的方式，令在场所有的人都惊奇不已，因为当时的跳高选手全部都是采用由来已久的俯卧式跳高。结果，当成绩揭晓的时候，他技压群雄，赢得了那一届奥运会的跳高金牌，从此也打破了旧有的跳高模式，彻底使这项运动得到了创新。事后，记者们纷纷采访迪克·福斯贝利，他说道，在接受训练的时候，他就不断地在思考一个问题：跳高难道只有俯卧式这一种跳法吗？我能够想出更好的方式吗？于是接下来，他就开始不断地做试验，企图解开心中的疑惑，结果他找到了，最终也成功了。迪克·福斯贝利敢于对传统的跳高方式进行改革创新，使他从一个崭新的、横向的角度赢得了成功。

迪克·福斯贝利的做法让我们看到了创新的力量，看到了成功的因素。其实不仅体育运动是这样，其他任何事情，要想取得成功都离不开创新精神。创新有时候就是那么灵光一现，偶尔一个奇思妙想也许就能够创造奇迹，成为创新的来源。不过，奇思妙想并不等于是胡思乱想，更不是白日做梦，只有思维活跃、不断进取的人，才能正确地把握自己。

相信每个青少年都渴望自己能够开拓一条成功大道，在这条道路上人人都是平等的，能否走得到尽头就看你的目标是否远大，你的思维是否足够开阔，你的梦想是否足够大胆。只有敢于拼搏，敢于创新，敢于和成功者对擂的人，才是人生当之无愧的强者，纵然最终没能取得成功，但至少可以从成功者那里学到想要的知识，为以后的成功奠定基石。

拥有创新的智慧就是拥有了一笔巨大的无形资产。在很多时候，停滞不前不是因为没有努力，而是因为墨守成规，以致无法适应外界的变化。对于青少年来说，要想创新就必须培养自己敏锐的洞察力，同时还要不断地积累各种知识，只有这样才能让自己真正拥有创新的意识与勇气，才能在未来的人生道路上用你们创新的智慧创造出精彩的人生！

第四章

傲视挫折，用态度决定自强人生

生活中遇到挫折时，我们要以一种坦然的心态去面对。人不能改变过去，但可以改变现在，人不能改变别人，但可以改变自己；人不能改变环境，但可以改变自己的态度。脚踏实地地努力奋斗，对遇到的挫折“一笑而过”，拥有良好的心态，这样，你才可能拥有一个自强的人生。

1 挫折，并不可怕

“没有播种，何来收获；没有辛劳，何来成功；没有磨难，何来荣耀；没有挫折，何来辉煌。”佩恩如是说。每个人都有自己的梦想，有些人甚至一辈子都在为实现梦想而奔跑，青少年的梦想更是丰富多彩，千奇百怪。可是，这条奔跑的路并不平坦，一不小心就会让人摔上一跤，并且摔得很疼，这就是挫折。但它并不可怕，可怕的是沉溺于失败和懊丧之中不能自拔。

现如今的青少年大多都生长在优越的生活环境中，就像参天大树下的一株小草，从来没有经历过风吹雨打。所以应对挫折的抵抗力也十分微弱，学习或生活中的一点点困难就足以将他们打倒。再加上青少年身心的发展都不成熟，不稳定，一旦被打倒就很容易出现情绪上的波动，极度地悲观失望、自暴自弃，有些人甚至为此付出了宝贵的生命。作为21世纪的青少年，面对挫折，唯有张开双臂，勇敢面对，愈挫愈勇，才能使自己永远立于不败之地。

§ 挑战人生挫折，让自己更强大

1982年，仅有27岁的陈秋贵为了实现自己的人生理想，也为了闯出一番事业，他只身从台湾来到了美国。面对人生地不熟的环境，陈秋贵遇到的第一个难题就是语言不通，由于无法同当地人交流，找工作也变得十分艰难。为了维持生计，他不得不到一家华人搬运公司干一些体力活，工作之余开始努力地学习英语。

一段时间之后，他想到自己有过做铁工的经验，便想重操旧业。于是他和一个朋友商量，结果两人一拍即合，都辞职做起了焊接铁门窗的生意。在他们两人的不断努力下，终于接到了第一笔生意。正在两人高兴之余，另一个问题又出现了：那就是没钱买运送铁门窗的货车。无奈之下，他们只好将铁门窗搬到地铁上，坐着地铁去工作。每次，两人都

汗流浃背地抬着重重的铁门窗，走进摇晃拥挤的地铁里，更要忍受从四周投来的鄙视目光。

之后，陈秋贵又遇到了许多常人难以想象的困难和挫折，但他从来没有放弃过，并努力一点点改变现状。经过步履维艰的历程，他们的生意也越做越大了，可面对的困难和挑战也越来越多。当时，纽约哈林区治安状况很不好，他的工具常被别人偷，让他蒙受了很大的损失。但不管状况有多么糟糕，他都没有心灰意冷过，他说："只有敢于挑战艰难挫折，人才会变得更强大。"再后来，他有了自己的公司，而且以出乎人们想象的速度飞快地发展壮大，从此"陈秋贵"这个名字也在纽约人尽皆知。

陈秋贵的创业之路告诉我们：挫折是一个人走向成功不能缺少的经历，不要用"不可能"来否定自己，更不要害怕挫折，敢于挑战艰难困苦，才能真正地改变自己的命运。青少年应该把陈秋贵身上这种永远不向挫折低头的精神运用到自己身上，要相信挫折只是暂时的，只要有勇气去面对并战胜它，明天就依然美好。

青少年是祖国的未来，肩上背负着重要的使命，因此更要具有一种和挫折斗争到底的精神。不要因为一次考试的失利，而耿耿于怀；不要因为自己的出身贫寒，而感到自卑；不要因为遇到阻碍和干扰得不到满足，而表现出消极心态；不要在苦涩的泪水中蹉跎、惆怅、忧伤。即便前面是暴风骤雨、电闪雷鸣，只要你有满腔热血、高昂斗志，就一定能迎来东方冉冉升起的太阳。

§挫折，也是一种幸运

古时候，一个书生几次参加科举考试都未能取得功名，心灰意冷之际他愤然丢下书本，弃文从商，收拾起行囊背井离乡，决定干出一番事业。可是，闯荡了数个春秋却总是难能得志，他开始有些不相信自己的能力，埋怨老天为什么不降临好运给自己，最终决定回到家乡。

可是，祸不单行，就在他翻越一座大山时又遇到了山匪，为了保护那多年攒下来的微薄积蓄，他就不顾一切地拼命往前跑，山匪也追赶着他跑进了一个山洞。在走投无路的情况下，他眼睁睁地看着山匪抢走了

他所有的财物以及用来照明的一个火把，扬长而去。书生在黑暗中磕磕碰碰、举步维艰，分不清东南西北，不过也正是因为他置身于黑暗中，他的眼睛才能敏锐地感觉到洞口那微弱的亮光，于是他幸运地顺着亮光走出了山洞。而那些山匪就没有那么好运，他们举着从书生手中夺来的火把，感觉不到洞口的亮光，在洞内转了几圈还是没有走出去，便争吵着不该跑进这个鬼地方，最终因灰心力竭而死于洞中。

在书生快要走出山洞时，他发现那些山匪，原来在火把燃尽时，那些山匪已经离洞口不远了，只要再坚持走一会儿就可以走出去，但是他们放弃了。书生试图在这些山匪身上找回自己的钱财，他惊喜地发现，自己的钱财已与山匪在别处所抢的钱财混在了一起，全部加起来是自己原来钱财的几十倍，甚至是几百倍之多。

虽遭遇了一次挫折，但这次挫折却给书生带来了意外的惊喜。所以说，有时候挫折也是一种幸运。纵观历史，失败与成功之间，往往有一个艰难曲折的过程，有人曾经把这个过程比作桥梁。有些人历尽千辛万苦穿过了桥，而有的人却在桥的中间掉了下去。

现代的青少年们，遇到挫折时不要惊慌失措。换个角度看看或许是福不是祸，尽管不是每个人都像故事中的书生那么幸运，但也要坚信，挫折在给你带来“祸”的同时，也必定给你带来了一些其他的东西，关键是你能否发现。俾斯麦说过：“对于不屈不挠的人来说，没有失败这回事。”挫折在意志薄弱者面前，犹如一道万丈深渊，会使他们一蹶不振；然而在坚强者面前，挫折化为动力，使他们走向了成功。因此，青少年应该学会从挫折中总结经验教训，把挫折当作新的起点，不要因为惧怕再一次的受伤而放弃了近在咫尺的成功，敢于面对挫折的人是最坚强的。

小提示

挫折对于一个人来说，是一把打向坯料的锥，打掉的应是脆弱的铁屑，铸成的将是锋利的铡刀。对于青少年来说，挫折不仅是一种磨难，更是一种学习和锻炼的好机会，就像那扑鼻的花香一样，只有经历过严寒才能向世人展示它的芬芳。人又何尝不是如此呢？只要能够保持乐观的心态来看待挫折，希望就永远存在，一切都可以重新来过。

2 你的天空并不总是灰的

在漫长的人生旅途中，谁都有陷入困境的时候。有的人能从困境中走出来，找到光明的未来；有的人陷入困境，自暴自弃，无法自拔。

人的一生会面对许多的挫折，需要不断地战胜自己，不断地克服困难，才能度过艰难的时期。然而，面对困难，面对迷茫，有的人成功了，有的人却失败了。

其实，他们之所以成功，是他们用自强不息的意志战胜了一道又一道的崎岖之路，才得以冲出困境的天空。

§自信自强就是一片晴朗的天空

一个人的心境和态度，往往会决定其一生的命运。在此，作为青少年，保持一种良好的心态显得尤为重要。只要自信、自强，再艰难的环境也挡不住一个人前进的步伐。面对失败，也只有那些抱有必胜信念的人才能取得成功。

青少年朋友们一定要明白：一个人无论做什么事，都要有信心，都要有坚强的信念。有了信心与信念，就等于成功了一半；有了信心与信念，才有前进的勇气与力量，从而能克服重重困难，战胜失败与挫折，最终达到成功的彼岸。梁启超说过“凡任天下大事者，不可无自信心，每处一事，既看得透彻，自信得过，则以一往无前之勇气赴之，以百折不挠之耐力持之。虽千山万岳，一时崩溃而不以为意。虽怒涛惊澜，蓦然号于脚下，而不改其容。”一个人没有信心，就什么也做不成，信心的力量是巨大的。一个有自信的人，遇到问题后，才能冷静地面对，理智地思考，对形势进行多方面的剖析，找到解决问题的突破口。

青少年朋友们，一个成功的人并不是生下来就很聪明，很能干，而是在困境中仍对未来抱有希望，对自己不失信心，不断努力，不断奋斗，自强不息的结果。大发明家牛顿在上小学的时候，老师总是认为他很笨，同学也总是嘲笑他。但他却对自己非常有信心，他不相信自己比别人差，下决心一定要比别人做得更好。于是他发奋努力，最后终于取得了成功，发现了万有引力定律等，为科学做出了巨大的贡献。

当我们遇到困难的时候，应该学会剖析困难，学会寻找突破口，而不应该瞻前顾后，更不要一蹶不振。卧薪尝胆，赵括能养精蓄锐，暗藏杀机．最终反败为胜；福尔摩斯笑面疑案，运用新颖的逆向推理法破解了数百件疑难案件，赢来了前无来者后无继者，数世人的崇仰。可见，困难在他们心中，并不能站住脚，就好像一个瓶子，哪怕它再坚硬、再密封，也会有瓶口，矛再利，盾再坚，也有被攻破的时候。因而只要青少年固守自信，寻着了突破口，也就向成功迈近了一步。

人生如戏，有低潮也有高潮，生活也有酸甜苦辣，做任何事情都不是一帆风顺的。只有我们学会安抚自己，学会自强，学会在困境中突围，才会有“芝麻开花节节高”的前程！

§心态决定命运

青少年朋友们，你们应该知道，每个人都会有困难，无论是在工作上，还是生活上，但关键要看你如何去面对，怎么去克服。要获得成功，就要学会勇敢地面对，就要在困难当中找方法，找出路。有思路，才会有出路；有思路，才会取得更大的发展。

相信困难是暂时的。生活上一时陷入苦恼，感情困惑，事业起步举步维艰。虽然这些都是事实，但是这并不代表你未来的人生。你要相信，这是暂时的。而不要只停留在困境当中，你要看到突破困境之后的人生，那才是你今后要追求的生活。

当我们用智慧和勇气战胜了困难，我们就向人生的理想跨近了一步。所以我们不应该过分强调压力和困惑，而要把眼光放开，看到未来，看到天下，希望总在我们心里，未来就在我们脚下！

改变心态，改变人生。心态决定命运。我们无法改环境，却可以改变心态。有的人，平平庸庸，安于现状；有的人，为自己闯出一片天空，出人头地。一个人的家庭背景绝不是决定因素，起决定作用的永远

只有我们自己。我们只有把自己的思维扩大，才不致只拘泥于眼前的困境中，而忽略了许多成功人士，都是在挫折与失败中成长起来的。

让我们放开自己的气魄，自我激励，不要局限自己的思维，努力开发自己的潜力，寻找一条通向成功的大道。

永远不要把眼光只停留在自己的身上，不要只看到自己的利益，这样狭小的胸怀，注定你就是普通人，永远无法超越自己，走向自己理想的世界。

调整心态，规划人生。当我们遇到困难，处于人生低谷时，要及时调整好心态，相信成功不是不可能的，有思路才有出路。

在生活或者学习的时候，作为青少年，总会有碰壁的时候，遇到难题，你有没有清晰的思路？面对多而乱的学习资料，你会如何对待？大多数的人全身心地投入，有条不紊、高效率、高质量地完成学习任务，但也有极少数人整天发牢骚，埋怨老师让做的作业多了，思维乱了，也就没头绪了，时间久了，就产生厌倦情绪。其实，只要你调整好心态，整理出思路，就可以轻松而愉快地完成学习任务。

不管我们做什么事情，只要怀抱一种积极良好的心态，规划好自己的人生，那么无论遇到什么样的困难，我们都能突出重围，找到成功的路口！

人生路上，当我们遇到各种各样的烦心事，甚至希望渺茫的时候，不能懈怠，只有自强不息地去奋斗，天空才是晴朗无云的！

相信自己，没有过不去的坎，只要心中有信念，一切都会好起来。记住：不论什么时候，我们都要怀抱一颗坚强的心，去面对道路中的荆棘与坎坷，只要我们向着正确的方向去努力，不懈地奋斗，理想就一定能够实现！

3 困境面前，拥有一颗积极的心

世界上没有哪一条路是笔直的，也没有哪一座山是平坦的，但无论路是多么的坎坷，你都要走；无论山是多么的险峻，你都要探索。而在探索期间，难免会遇到我们的宿敌——困难。

青少年朋友们，困难就像一块巨大的顽石横在我们前进的路上，企图阻止我们前进。这时，我们不仅需要智慧与勇气，更需要的是一种积极乐观的精神。这种精神，像一座灯塔引领我们度过漫无边际的黑暗，像一把钥匙把成功的大门打开。

§ 用乐观击败困难

无论在任何情况下，在乐观者眼中始终能够看到希望，只要希望不破灭，成功便是早晚的事情。

曾经在一个国王的花园里，种植着各种各样的植物。有些植物因自己的缺陷而消极悲观都纷纷枯萎了；橡树因没有松树高大而撒手人间，而松树却埋怨自己不能像葡萄那样硕果满枝而含恨而死，结果葡萄却因为不能直立而郁郁终生……最后只剩下小小的安心草，他乐观地看待生活，终于顽强地活了下来。后来，越长越茂，越长越盛。这何尝不是我们现实生活的真实写照。那些小小的安心草不一定就是生活中的什么名人、伟人，但他们却是生活的强者，任何困难都击不倒他们。

青少年朋友们，事实告诉我们，不管是在生活中遇到困难，还是在学习上遇到障碍，或者是在事业的奋斗中遇到挫折，我们都要以积极乐观的精神去面对，否则它们将成为你成功的绊脚石。当我们一次又一次失败的时候，是乐观的精神让我们不轻言放弃。“乐观者在一个灾难中看到一个希望，悲观者在一个希望中看到一个灾难”，这就是为什么乐

观的人总是要比悲观的人更容易成功，因为无论在什么情况下，在他们眼中看到的永远是希望，他们永远对未来憧憬着。约翰逊说过：“能看到事情好的一面，并养成一种习惯，这是千金不换的珍宝。”因此乐观者往往都能事业顺利，并能够获得幸福健康，而悲观者往往陷入绝望忧郁之中无法自拔，以致患上疾病。

在生活中，人人都会遇到挫折和失败。而成功者和失败者的区别，就在于成功者面对挫折，怀抱乐观的精神，积极地去迎接困难，战胜困难。而失败者则悲观绝望一再逃避。

1914年12月的一个晚上，大发明家爱迪生在美国新泽西州亚奥兰治市的工厂失火，近百万美元的设备和大部分研究工作的记录毁于一旦。当时有人认为，所有的辛苦的成果都化为灰烬，爱迪生一定会沮丧至极。然而，赶到现场的爱迪生很平静地说：“大火把我们所有的错误都烧光了，现在可以重新开始了。”

乐观是人们积极对待生活的态度。乐观的人，无论遇到什么问题，都能够保持良好的心态，遇到变故会变得更加坚强。其实，事情不论好坏，都受人们态度的影响。悲观者总是看到灰暗的一面，而乐观者总是看到光明的一面。但只有乐观者，才能身处逆境不灰心，面对困难不逃避，始终相信暴风雨总会过去，阳光总会再来。

§用乐观迷倒困难

青少年朋友们，乐观是具有吸引力的，它是战胜困难的良药。人生就是一个不断奋斗的历程，而拥有乐观精神是人生中一笔巨大的财富。乐观是失意后的坦然，乐观是平淡中的自信；乐观是重创后的崛起，乐观是幸福中的点缀。乐观不是鲜花，但她是春雨，可以把熟睡的鲜花唤醒；乐观不是太阳，但她是春风，能够吹散遮挡太阳的乌云。人生路上坎坎坷坷，要成为一个永远的强者，就要学会做一个积极乐观的人，那么成功的鲜花将会属于你。

换一个角度看生活。古时候有一个民间故事：一位老人有两个儿子，她的大儿子以染布为生，小儿子在做卖伞生意。当下雨的时候，老太太就为大儿子的布不能晒干发愁；当晴天的时候，老太太又会为小儿子的雨伞卖不出去烦恼。就这样老太太没有一天好日子过，整天心情郁闷，痛苦不堪。有一天，有一位智者告诉她该换一种角度看生活。晴天你该为大儿子的布能晒干而高兴，雨天你该为小儿子的雨伞可以卖出去而欣慰。就这样老太太由悲观的心态转为乐观的心态，从此生活充满了慰藉和快乐。

乐观者眼中没有损失。“天有不测风云，人有旦夕祸福”。面对突如其来的变故，若能做到临危不惧，处乱不惊，乐观的心态至关重要。

一次作家冯骥家中失窃，但是字画等贵重物品安然无恙，他笑那贼“并非行家”。当有人问他有无重大的损失时，他却说：“我是家里最重要的生产力，我还在，就谈不上什么重大的损失。”面对家庭的贫困，他没有被吓倒，而是积极地认为东西丢了可以再生产，没有什么过不去的。

学会把挫折缩小。在人生道路上，到处布满了荆棘，挫折无处不在，要想顺利地走过去，就要学会缩小挫折，而不要把痛苦放大，否则将会终生遗憾。乐观的人认为，遭遇挫折就当它是一阵清风，让它从耳边轻轻吹过；遭遇挫折就当它为一道微不足道的小浪，不要让它在你心中激起惊涛骇浪；遭遇挫折，就当痛苦是你眼中的一颗灰尘，眨眨眼，流一滴泪，就足以将它淹没。如果你能够以这样一种乐观向上的心态，对待生命遇到的所有困境，那么一切困难都不会打倒你，相反，你会在挫折中逐渐成长壮大。

青少年朋友们，生活中难免会遇到挫折或不幸，但只要怀抱乐观的心态，这些灾难就像是黎明前的黑暗，迎接你的将是灿烂的明天！

小提示

面对生活的不幸，还是应该乐观一点。凡事往好的方面想，人生才会充满快乐。

所以，青少年朋友们一定要积极乐观地面对生活，要坚信乐观能引领自己走向成功。再大的挫折，在乐观者面前也变得渺小，而再小的困难，在悲观者面前也好像一座大山。

4 勇于直面挫折

人生在世，布满荆棘与坎坷，有阳光灿烂，必定有乌云遮天。从乌云中解脱出来的阳光比从前更加灿烂，经历过风雨的天空才能绽放出美丽的彩虹。

青少年朋友，有谁不渴望生命当中没有绊脚石，只求得一帆风顺呢？有谁不希望人生之路是平坦无险呢？是的，每个人都希望是这样，但是，生活是不随人愿的。命运总爱捉弄人、折磨人，总是给人以更多的失落、痛苦和挫折。

§笑看人生风云

人有旦夕祸福，月有阴晴圆缺，人生旅途曲曲折折，勇敢地面对挫折与失败是很有必要的，适度的挫折具有一定的积极意义。它可以帮助人们驱走惰性，促使人奋进。挫折又是一种挑战和考验。英国哲学家培根说过：“超越自然的奇迹多是在对逆境的征服中出现的。”关键的问题是应该如何面对挫折。

曾有这样一则故事：草地上有一个蛹，被一个小孩发现并带回了家。过了几天，蛹上出现了一道小裂缝，里面的蝴蝶挣扎了好长时间，身子似乎被卡住了，一直出不来。天真的孩子看到蛹中的蝴蝶痛苦挣扎的样子十分不忍。于是，他便拿起剪刀把蛹壳剪开，帮助蝴蝶脱蛹出来。然而，由于这只蝴蝶没有经过破蛹前必须经过的痛苦挣扎，以致出壳后身躯臃肿，翅膀干瘪，根本飞不起来，不久就死了。自然，这只蝴蝶的欢乐也就随着它的死亡而永远地消失了。这个小故事也说明了一个人生的道理，要得到欢乐就必须能够承受痛苦和挫折。这是对人的磨炼，也是一个人成长必经的过程。

笑看人生风云，直面挫折是自强不息的一种表现，当挫折站在我们面前时，我们开始了选择。正如世上没有完全相同的树叶一样，人与人的选择也不尽相同。我们可以选择放弃挫折，绕道而行，不必为了遇到挫折而难过，也不用去付出些什么努力；我们也可以选择迎接挫折，毫无畏惧，虽然我们为此付出了辛勤的劳动，可是我们却可收获许多，有战胜苦难的喜悦与兴奋，有“苦中寻乐”的甜蜜，也有了今后战胜困难的勇气。

一位女作家在纽约街头遇到一位卖花老太太。她穿着破旧，身子看上去也很虚弱，但脸上满是喜悦。女作家挑了一朵，说：“你看上去很高兴。”“为什么不呢？一切都这么美好。”“你很能承担烦恼。”女作家又说。老太太的回答令她吃惊：“耶稣在星期五被钉在十字架上时，那是全世界最糟糕的一天，可三天后就是复活节了。所以，当我遇到不幸时，就会等待三天，一切就恢复正常了。”

平凡之人而非平常之心的卖花老人，她用一种乐观豁达的心态来面对生活的坎坎坷坷，这种举措不得不令我们深思和回味。试想，换了我们会做得到吗？每个人的心都像一个水晶球，晶莹闪烁，一旦遭受不测，忠于生命的人，总是将五颜六色折射到自己生命中的每一个角落。确实如此。当你遭遇到挫折，当你陷入痛苦无法自拔，不要灰心，不要绝望，无论你此刻已经失去了什么，你仍然拥有着你最宝贵的东西——生命，面带微笑走过世间的风风雨雨，以自强不息的信念击倒任何困难。这就是一位生活的强者，更是一位生活的智者！

§ 挫折是一笔财富

生活当中的曲折坎坷总是令一些人辛酸与烦恼，这就是一种逃避困难的表现，总想以逃避的方法来解脱困难，不可能的！它只会让你的生活更加难堪。伟人曾说：“挫折好比一块锋利的磨刀石，我们的生命只有经历了它的打磨，才能闪耀出夺目的光芒。”“不经历风雨，怎能见彩虹？”经历了挫折的成长更有意义，挫折其实是一笔财富。多少次艰辛的求索，多少次噙泪的跌倒与爬起，都如同花开花落一般，为我们今后的人生道路做下了铺垫。成长的过程就像沿着沙滩前行，一排排歪歪曲

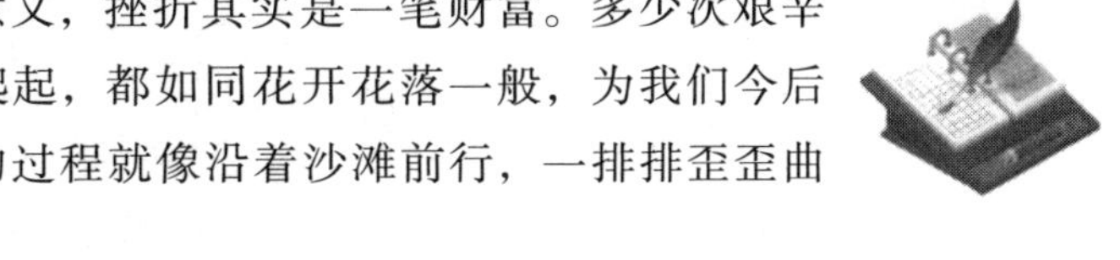

曲的脚印，记录着我们成长的足迹。只有经受起困难的考验，我们的脚步才会更加地坚定。

青少年朋友，挫折来临并不可怕，可怕的是不敢面临挫折。人生在世，难免要遭逢重重困难、坎坷甚至沉重的打击。面对这些，你可以伤心，你可以悔恨，但是，你不能失掉面对它的勇气，百折不挠的精神是应该有的！

挫折面前，坦然的心态与拼搏的勇气两者缺一不可，生活中总有崎岖之路，难道说你就不走下去了吗？不会的，你还得走，所以，困难不算什么，关键是你有勇气迈出去第一脚。自幼高位截瘫的张海迪永远保持着与生命搏斗的勇气，最终吟出了一篇篇唯美文章，攀上了文学高峰。意大利的旅行家马可·波罗也曾蒙受牢狱之灾，然而他并没有一蹶不振，那风靡世界的《马可·波罗游记》便是在那里诞生的。我们熟悉的贝多芬一生孤苦不幸，但他却坚持不懈创作出一首首悦耳而震撼人心的乐曲，至死仍告诫自己：要扼住命运的喉咙。他们的勇气产生于斗争中，产生于同挫折、同命运的顽强斗争中。他们对生活的追求与向往是常人所不能体会的，他们对生活的那份执着与热情也是常人无法感受的，所以，当你拥有健全的体格后，你就什么都有了，因为你比一些伟人还要强大！

只要你好好对待生活，那么生活也不会亏了你，有句话是：“锋利的宝剑需要心血与烈火的淬炼；绚丽的彩虹在狂风暴雨后才会出现。”

让我们直视挫折、磨炼，坦然而勇敢地面对，谱写出我们人生最华丽的篇章。直面挫折，坦然而勇敢，这是对毅力的磨炼，是对心灵的考验。只要我们拥有锲而不舍的毅力，便没有征服不了的高峰，只要我们拥有坚韧不拔的心灵，便没有逾越不了的障碍。朋友们，坚信自己的力量，只要你自强不息，就会拥有生活的一切！

5 刷新你的明天，埋葬你的过去

“爱拼才会赢”，一个人要想成功，就得靠自己勇往直前的追求奋斗来实现；但在前进的途中，难免会遇到挫折、困难或者是失败。此时，不能一味地去抱怨生活，抱怨命运，抱怨他人，因为抱怨绝对不是成功的良药，只有不断地付出努力，才会让自己更加自强，最终走向成功。

一个人在行动的途中遇到挫折或失败时，千万不要抱怨，因为抱怨不会带来任何帮助，也解决不了任何问题，反而会成为前进的绊脚石。成功从来都不属于那些抱怨的人，只有你用实际行动一步一步往前走，才会有成功的希望；否则，你只能在原地踏步。

§ 拿行动代替抱怨

漫漫人生路，没有谁的道路是一帆风顺的。但为什么有的人可以成功，而有的人却只能看着别人成功呢？难道是命运对他们不公？不，成功的人之所以能成功，是因为他们遇到困难不去抱怨，而是考虑如何解决掉它们，继续向前，从而让自己更加自强。古往今来，没有一个人的成功是靠抱怨得来的，他们无一不是通过自己艰辛努力换来的。

英国理论物理学家史蒂芬·霍金21岁的时候，被查出患有肌肉萎缩性硬化病，全身只有三根手指可以活动，必须依靠安装在轮椅上的一个小对话机和语言合成器与人进行交流沟通。面对人生中的不幸，霍金并没有任何的抱怨，而是选择了坚强，他下定决心要用实际行动来证明自己的价值。他23岁时仍然坚持在剑桥大学任研究员，27岁时靠自己的努力终于成为该院杰出的科学家。

后来，当有人问他对于自己的病有什么样的想法时，霍金回答：“我根本没有时间想它，也不抱怨因为这种疾病不能让我去做一些事情。其实就是有了这种病，才让我有了更多的时间来思考问题。”从他的回

答中可见他的乐观与幽默，他靠着这种与命运抗争的勇气，在研究相对论和量子力学的基础上，提出了爆炸黑洞的理论，还研究了时空的奇异性问题。

1985年，霍金遭遇了人生中的又一次不幸——染上了肺炎。手术后，霍金完全丧失了说话的能力。针对霍金的特殊情况，电脑专家给他特制了一台电脑语言合成器，每分钟可选出15个词。在这种情况下，霍金仍然没有任何抱怨，还写出了两部书和一批科学论文。

面对人生中的一个个灾难，霍金没有任何抱怨，而是以自己顽强的意志挑战命运，用实际行动在逆境中与命运搏击，最终一步步走向了成功。所以，困难、挫折并不可怕，可怕的是你没有战胜它的勇气。如果霍金只知抱怨，那就不会成就后来的他，更不会成为人们心中成功的楷模。

抱怨的人总说生活不公平，其实，生活赐予每个人的都一样，没有谁会十全十美；自强的人生就在于一个人遇到挫折的时候，能够克服抱怨心态，继续前行。青少年时期正处在向成功奋进的起点上，遇到挫折，更不能去抱怨，因为抱怨只会让你停滞不前，在原地踏步。那么，与其让时光在抱怨中流失，不如让我们用自己的努力去改变它，做一个真正自强的人吧！

§放下抱怨，才能成功

在现实生活中，我们常常会听到有人抱怨命运的不公、机会的不等，但抱怨过后依然不起任何作用。在这个社会上永远不可能有完美的条件，自强而成功的人生是人类自己创造而来的，没有任何捷径可走；世间也没有真正意义上的障碍，我们所谓的障碍，只不过是自己内心的障碍。而只有放下抱怨这道障碍，你才能逐渐自强起来，才可能会成功。

人们常说“上善若水”，青少年要想放下抱怨，就要学学水的智慧。那么，水有什么样的智慧呢？你看，水在前进的路上，遇到山，它选择了绕过去；遇到平原时，它选择漫过去；遇到了网，它选择渗过去；遇到……水总是很明智，不论遇到任何困难，它都懂得放下一切抱怨，继

续前行。因为它十分明确自己的目的是前进，而不是一味地抱怨，所以一遇到阻碍，它就选择一种方法去解决，然后勇往直前，直至回归大海。

水，放下抱怨才能继续寻找前进的路；而人作为万物之首，为什么就不能放下抱怨去付出努力呢？所以青少年无论在什么时候，都应学习水的精神：在前进的道路中，不管遇到什么样的困难，都不要把时间浪费在毫无意义的抱怨上，而应想办法去解决。水可以绕过大山继续前进，同样，你也可以换种思维方式通向成功，毕竟成功的途径有很多，这种方法失败了可以换种方法，总会有办法的。或许，你也对学习、生活中的困难抱怨过，但不妨学习一下水的精神：放下抱怨，重新寻找自己成功的路，从而让自己真正地自强起来。

生活中，你得到的和付出的是成正比的。遇到了挫折、困难，想办法解决掉它是最明智的选择；如果解决不了，也不要无味地抱怨。前进的船不是靠抱怨撑其远行的，它需要的是你滑动努力的桨，你用了多少力，它就行多远，但无论你抱怨多少，它都不会有丝毫的移动。

放下抱怨，不断去努力吧！记住，不管事情发展得有多悲观，只要努力，我们就有扭转局势的能力；而你用怎样的态度去面对，就注定你会有怎样的人生。只有以自强的信念，并用努力坚持到底的人，才是最终站在生活之巅的人。

6 拥抱困苦，你会变得更自强

当我们的眼前出现困难时，该以怎样的态度去驾驶生命的小舟？是让它迎风破浪，驶向彼岸呢，还是让它却步不前？

当然是尽其所能地向前进！用一种坚忍的意志，拿出我们非凡的勇气，以百折不挠的精神去面对。只要你能做到，相信你终会在山穷水尽

疑无路中柳暗花明又一村的。做到这些，你不仅会冲出困境，还会目睹会当凌绝顶，一览众山小的壮观。

§跟着成功者的脚步走

青少年朋友们，一定要学会追求成功者的脚步。全球最大的B2B网站、中国电子商务网站的开拓者，唯一一个敢于与全球著名的电子商务网eBay和亚马逊相抗衡的中国网络经济巨人是谁？他就是马云，这个曾自称自己脑子笨，算也算不过人家，说也说不过人家的人，他的成功中经历过多少困境，而他在困境中又经历过什么？我们来看其中的一部分：

马云小时候学习不出众，倒是以调皮捣蛋闻名，从小学到中学，瘦弱的他，因为打架，不止一次在学校受到处分。在马云的父母、老师眼里，对他的未来没抱任何希望。

就是在这样的情况下，他经过三次考试终于考进了杭州师范学院，当时他只过了专科线，后来由于本科未招满他才进了本科班。在别人流利的英语中他总是不知所云，常常是别人为一些谈话而笑声不止，他却不知别人为何而笑，这让他感到了耻辱。

于是他下决心要把学习赶上去，他自己知道面临着怎样的困难，但他下定决心不管付出怎样的努力都要走过去。从此，他像变了一个人，以前的毛病在他的身上再也找不到了。他把自己所有的精力都放在了学习上。

为了提高自己的口语听力，他坚持每天清晨跑到西湖湖边找老外聊天，一有空就一个人跑到宾馆门口跟老外对话。其他的时间他都在背单词，学语法，有时常常是前边背后边忘，他就一遍遍地背。

就是通过这样的坚持，他渐渐地走出了困难，成绩也一步步地提升了。最后，他在毕业时成为毕业生中唯一一个被分到大学里当老师的学生。

六年后一次偶然的机会，他接触到了互联网，而当时他对此还是一窍不通，但他却意识到这是一座金山。马云毅然辞去了教师的工作，租了间房，用两万元的启动资金与一个学自动化的伙伴加上妻子三个人开始了创业。

他这次面临的是一个更大的挑战，更大的困境，更陌生的领域，但他仍然是用一种坚忍的意志去面对。首先还是学习，他买来资料从开关机学起，开始了没日没夜的学习，每一天都是在电脑和书堆旁，渴了是白开水，饿了是方便面。

就这样，在他不断地学习和努力后，他的第一家互联网公司——海博网络成立了。1996年，他的营业额不可思议地做到了700万。之后他又加盟EDI中心，创办阿里巴巴网站，等等。

马云和其他的互联网精英不一样，他没有一流的高校专业，没有一流的背景，甚至起初他根本不懂互联网技术。但是他最后成功了，这样成功的背后是什么我们可想而知。在面对困境时他会怎样，通过上面的两个事例可以毫无疑问的是：尽自己所能冲过去。

记住，困境面前不是没有路，而是你没有发现，如果你能尽己所能地冲过去，那么你就会惊奇地发现原来出路就在自己的脚下。

§ 拥抱苦难，自强不息

大学的马云在成绩特别糟糕的情况下，勇敢地面对了困境，用自己十分的努力走出了最黑暗的时光，迎来了自己崭新的人生。而当互联网的困难再次迎面而来时，他又是用同样坚定的信念，从困境中走了出来。他这种困境面前不退缩，勇敢面对的精神，正是我们所要学习的。

不在困境中驻足。马云就是没有在困境中驻足，他开始了自己艰难的努力，这样的努力换来的是事业的成功。如果一个人遇到困境就停下脚步，那么他只能永远被挡在成功门外。

“人生不如意常八九”，总有走入困境，面对困难的时候。而当这一切来临的时候，有的人陷入郁恐、焦虑、悲痛等心理困境之中无法前行。但有的人却相信总有一条路是属于自己的，不放弃，不抛弃，努力地走了下去。也只有勇往直前的人才能在努力后得到成功。驻足的人只能一直在原地痛苦着。

引导自己的方向。自我引导，告诉自己只有勇于突破才有坦途，只

有敢于面对才能成功。马云不就是一直在自我引导吗？自己的人生自己做主，不给自己退缩的机会，激发自己的斗志，用一颗奋发向上的心去努力前行。这样的你一定能突破一个个困境走向成功。

当你走过后，你会觉得困境中的自己是那么的可爱，那种拼搏的劲头是多么的让人骄傲。这时的你会感谢困境，是它让你看到了自己的力量是多么的势不可当，是它让你证明了自己的能力。

努力挖掘自己。困境面前最需要的就是挖掘自己的所有潜力，马云一直认为自己是一个“笨”人，但是在困境面前他挖掘了自己最大的潜力，在努力中证明了自己并不笨。

困境中是最能激发自己斗志、挖掘自己潜力的时候。那时的你是多么的渴望证明自己，而这会让你拼命地努力要证明自己。在这样的努力中，人的潜力会被一点点地挖掘出来。而这时的我们是不是也该感谢困境和挫折？是它们让你发现了自己的潜力原来还有这么多！

青少年朋友们，总之，只要有坚忍的意志，有坚定的信心，有不屈不挠的精神，困境就不可怕。困境面前尽己所能地去冲，说不定你就能冲破它。

不经历困境挫折的人，不知道自己有多强大，就是这样，只要你能拿出勇气去努力面对，你就能把它变成你成功的垫脚石。正如法国作家巴尔扎克说的：“挫折就像一块石头，对于弱者来说是绊脚石，让你却步不前；而对于强者来说却是垫脚石，使你站得更高。”

努力——让自己在困境面前也是一样地强，让所有的困境都在你的努力下化为虚有，让你成为一个在挫折面前也勇往直前的强者。笑对一切，感恩一切，用努力把挫折一个个冲走，那时成功之光就会洒向你。

7 一味抱怨只会让你原地踏步

过去的一切都已成为故事，昨天都已成为过去，让昨天随风飘散，识时务者为俊杰，挥别过去才能攀越巅峰；过去已成为历史，把历史甩到身后，才能去开创更灿烂辉煌的明天。放弃过去，跨越征程，才能感悟更精彩的明天；跨越征程，每天都是精彩的，都是新的，每天的阳光都是新的，都是灿烂的。

§用心境重新塑造自己

当往日阴影笼罩生命，别让它成为你前进的绊脚石，别让它因此影响了你的心情，把它甩在背后，让它随风飘散。覆水难收，当一切成为必然，漫漫人生征程不可逆转，生命中有过失败和伤痛，那只是过去历史的演绎，若沉湎其中，只是一种悲哀，人一辈子不可能只停滞在昨天。

贾平凹先生曾经写过一篇叫“舍得”的文章。在平凹先生看来人活在这个世界上也就是一种得与失的过程而已。会活的人，或者说是取得一定成功的人，其实也就是懂得了两个字而已：舍得。不舍不得，小舍小得，大舍大得。由此可见，平凹先生的确是一个悟透了人生的奥妙玄机的人。

其实“舍得”二字蕴藏囊括了人生所有的真知。然而并非所有的人都会舍弃那些应该舍弃的东西，哪怕是记忆中最残酷和令人最受煎熬的东西。当然，不可否认，过去的一切的确是人生征程中的一笔财富，然而与其对过去的一切念念不忘，不如把这些记忆都埋藏起来，重新开始，那岂不是一种更好的选择？

曾经有这样一则故事：疾驰的火车上有位老人不小心从窗口掉出去了一只鞋子，于是他就毫不犹豫地将另外的一只鞋子也从窗口扔了出

去。人们很不解，老人说，那双鞋不管它有多么地昂贵，但对于我来说它已经失去了它的作用，可是对于捡到这双鞋的人就不一样，我与其留一只无用的鞋，不如放弃，成就别人！

从老人身上我们看到了睿智，世间任何事物都具有两面性。忧伤与欢乐，得到与失去，看起来互相对立，实则却互相关联。曾经一度认为放弃是一种对过去的背叛，是一种消极麻木的生活态度。可是当读了老人的故事后，恍然大悟，放弃牵强和过多的奢望，或许得到的是另外一种境界。“往者已矣，来者只可追”，有时选择放弃也是一种智慧。

对生活的梦想与追求是一件轻松惬意之事，这本是最应该需要记住的，然而恰恰却被许多人遗忘了。记得《东邪西毒》里有一句耐人回味的台词：人最大的烦恼就是记性太好，如果什么都可以忘掉，那么以后的每一天都将会是一个新的开始。

是的，青少年朋友们，人生在世，的确就是一个舍与得的过程，这个过程是美丽的，也是残酷的，就看你如何去看待这个过程。想要让自己快乐，想要自己去成就一番事业，那么我们就应该选择一种淡然的心境，学会舍与得，学会放弃，把你的昨天和过去隐埋，让它随风飘散。

§生命只有今天和明天

失意之时莫要失志，每天的阳光都是新鲜的，给自己一份阳光的心情。学会懂得有的放矢，无的得矢；锲而不舍与锲而舍之；放下昨日和过去让一切随风飘散，给昨天和过去画上一个句号，展望明天的阳光，用心境去为明天铺垫，写下一首生命的凯歌。

昨天已于昨夜结束。生命只有今天和明天，昨天已经结束，别让今天为昨天买单，有种幸福叫作忘记，忘记之后才是豁达的人生。时时清理记忆的抽屉，明天的阳光才会是新鲜的，明天的征程才会轻松。

太阳每天都是新的。你还在沉溺于昨日的烦恼或者荣誉之中吗？你还在背负着沉重的包袱迟迟裹足不前吗？你还在认为昨日的挫折就是彻底的失败吗？忘记昨天，把它隐藏，这并不代表你的现在和将来，放弃该放弃的，从头再来。因为每天阳光都是新的，每天都是一个艳阳天。

青少年朋友们，给自己一片阳光。你的成功将在你未来的旅程之中。前方的风景是最美丽的，放下自己肩上的包袱，轻装上阵，用一个崭新的自我去走人生征程，为自己踩出一条幸福的人生道路。每天给自己一片阳光，把过去和昨天遗忘，用绿茶般的心境潇洒去走自己的人生路。

人生本来就是一个不断重新开始的过程，新的开始，也就是新的希望，一片灿烂的新空。今天既是一个结束又是一个开始，昨天成与败都好，都可以重新开始，重新开始我们的人生。不停地反复着，不断地努力着，重新开始我们的人生。不断地努力进取，完善着我们的人生。

道路坎坷曲折，有过成功，有过失败；有过欢笑，有过痛苦；有过暴风骤雨的摧残，有过艳阳高照的沐浴；埋藏你的过去，让你的明天更精彩，阳光更灿烂。

8 感恩将使你的生活充满阳光

俗话常说，患难见真情。不错，在困境中，在受难时，来自朋友的帮助便显得特别可贵。有时，哪怕只是一个关切善意的眼神，也会像一簇炭火，在冰天雪地中送给你温暖。我们的交际需要这样的朋友，更离不开这样的朋友。

青少年朋友们，困难中，朋友只是发自内心地想给你帮助，他们从来都没有想过让你回报什么，但面对那些在逆境中给予你帮助的朋友，我们应该怀着一颗感恩的心去感激他们真诚的帮助！生活是需要感恩的，要感恩那些能与你患难与共的朋友，感谢他们的无私帮助！

§ 滴水之恩，涌泉相报

交际需要真正的友情，而真正的友情不企求什么，不依靠什么，总

是纯净而温馨。它不是引人注目的瀑布，而是一条静静流淌的河水，只要它流经的地方，就会水草丰盈，生机盎然。这就是真正的友情，安静而真实。

手机中能存的东西很多，图片、音乐甚至电影，但他的手机中却存着一条多年前的信息。这条信息不是他忘了删而是他从来没想过要删："房租交了，这些先用着，不够再告诉我！"就是这样两句话，看起来是平平常常，但对他却有着非同寻常的意义。

那时他刚毕业，因工作中的一点小失误被迫辞了工作，但他照例得给家寄钱，而偏偏在这时手机丢了，不得已又买了手机。这时身上的钱已经所剩无几了。他是一个自尊心很强的人，在朋友面前从不表示出来，而他也自以为没人看得出来。

一天，朋友在他那儿玩，但临时接到去面试的通知，他就留朋友在家里，自己去面试了。不巧的是这时房东来敲门："你的房租到底什么时候交？不能再拖了。"朋友开了门，什么也没说，在房东的诧异的目光中帮他交了房租。

等他再回来时，看见桌上放了一千块钱，这时手机响了，朋友发来了上面的那条信息。他的心一震，眼眶湿了，一份感动充满了他的内心。

多年过去了，他已经由一个穷小子变成了一个成功人士，而这部手机，这条信息他始终保留着。他知道他在意的不是这些，而是那一份真挚的友情，它时时提醒着自己要懂得感恩。

他每天都很忙，回到家常常也很晚。这天他回家听妻子说，他那个朋友的母亲得了重病，好像还很严重，她看到他愁眉不展地在病房外抽烟。第二天，他同样也是什么也没说，就将30万的手术费给他朋友的母亲交了。

朋友感激地给他发信息："你这份情让我怎么还？"他给朋友发过去："不是你怎么还，而是我不知道该怎么还。我相信你在帮我的时候也从来没想过要我还。"

而朋友竟不知道自己什么时候帮过他。所谓的真情就是这样吧？所谓患难之交就是这样吧？他们常常忘记对朋友的帮助，却在心中记得朋友对自己的帮助！

人的一生会有很多朋友，有一种是在你繁盛时期蜂拥而至，而在你落寞时却一飞而空，生怕你与他有丝毫的联系。而有一种却恰恰相反，而只有相反的那一种才是你真正的朋友。

这样的情，这样的义，怎能让我们忘记？而你面对这样的朋友能不怀揣一颗感恩的心去对待他们的情义吗？能给你雪中送炭，那是一份多么重的情啊！我们没有任何理由不去感恩，没有任何理由！

§感激别人，赢得支持

有一位老人，他是菲律宾华侨，在海外漂泊了半生。衣锦还乡后想为社会做点贡献。老人想通过资助贫困生上学，来完成自己后半生的心愿。

老人便写信给家乡的学校，表明了自己的意愿，并希望学校可以提供十来个贫困生的名单，他从中选定人选，作为资助的对象。

对于老人的这一举动，家人很是不理解，既是捐赠，通过“希望工程”，不就了却了一桩心愿了吗？何必这么麻烦呢？老人却摇摇头说：“我的血汗钱只给予那些得到它的孩子。”但谁也不知道到底哪些孩子才有资格得到资助。

过了一段时间，老人拿到了名单。老人让家人买来了好多书，有《泰戈尔诗集》《纪伯伦诗集》《十万个为什么》等等，并让家人分别包装好，寄给名单上的孩子。家人面面相觑，这样微薄的赠予是不是太寒碜了。大家断定书中自有“黄金屋”，可是谁也没有找到夹在书中的纸钞，只在书的第一页看到了老人的亲笔，有学生的姓名，老人住址及联系方式等。

尽管家人不理解老人为什么这么做，但还是帮他寄出了那些书。之后，老人就经常坐在电话旁边，还无缘无故地唉声叹气。

一张普通新年贺卡解开了大家心中的谜。上面只是写着一些感谢的话和一些祝福。但是老人却高兴地大呼小叫：“有回音了，有回音了，终于找到一个可资助的孩子。”原来老人寄出去的是块“试金石”，他的血汗钱，只资助那些心存感激的人。

青少年朋友，生活就是这样，只把机会给予那些心地善良，心存感

激的人。不论自己的状况如何，都对自己的现状心存感激，同时也要对别人的帮助怀有敬意和感激之情，并及时地回报别人的善意。这不仅会赢得难得的机遇，还会得到别人强有力的支持。你如何对待别人，别人就会如何对待你。行为孕育行为，你对别人不友好，别人怎么可能对你友好？

每个人都不可能孤立存在，你的一举一动，与身边的每一个人，都有着千丝万缕的联系。感激身边的每一个人，是他们证明了你存在的价值。

心怀感激，你才会对生命更加热爱，对人生有更高的追求。心怀感激，心灵的百合就会绽放圣洁的光芒，照亮自己，也照亮他人。如果你的心中充满了对别人的感激之情，那么你就会体会到人间到处有真情，人人都充满爱心，生活也是如此美好！

第五章

急流勇进，用挑战赢得自强人生

青少年在生活中难免会遇到来自外界或是自己的压力，还有焦虑、紧张、抑郁等不良的情绪。这些情绪往往会给学习和生活带来很大的困扰，甚至不良影响。因此，青少年要如何克服这些困扰显得尤其重要。青少年要想真正赢得自强人生，就要有急流勇进的勇气，要敢于挑战自己并战胜自 己的不良情绪。

1 永不退缩——挑战压力

大自然赋予了人类神奇的生命力，同时也给人类带来了永不停息的压力。压力从生命诞生的那刻起，就与人们形影不离，从某种意义上说人们无法从根本上消除压力的存在。但是压力也给不同的人赋予了不同的意义。压力，是懦弱者不可任意逾越的鸿沟，是开拓者激发动力的源泉。因此，一个人要想取得成功，就不能逃避压力，要经得起挫折的锤炼，并勇敢地向压力发起挑战。

人总是要面对压力的，因为压力是世界性的，无人不有，无时不在。它能带来喜悦，亦能带来悲哀。压力并非源于自身，外来事件才是压力之源，然而真正影响你身心健康的并非外来物，却是你对它的反应。青少年要控制压力，挑战压力，切勿为它所控，为它所用。

§要正确看待压力

压力就像一把双刃剑，压力太大，就会对人的心理造成伤害；没有压力，人就容易产生惰性，就不能前进。

压力能提高效率，但过犹不及；过大的压力往往出自过高期待之落空。维·丰塔纳总结了压力过度所产生的生理和心理后果。生理后果主要有：肾损坏、糖尿病及低血糖病、精力衰竭、心脏病、胃病、头晕目眩、心律失常、中风等。心理后果主要有：专心和注意力的范围缩小、记忆力衰退、悲观失望、自我评价迅速下降等。

从心理学角度来分析，压力是人们最普遍的心理和情感，适当的压力能唤起和发挥人的潜能，使人迸发出更顽强的毅力和创造激情。铁人王进喜有句名言：“人没有压力轻飘飘，井没有压力不出油。”因此，这就需要人们正确对待压力，变压力为动力。

§变压力为动力

一个男人被一只老虎追赶而掉下悬崖，庆幸的是在跌落过程中他抓住了一棵生长在悬崖边的小灌木。头顶上，那只老虎在虎视眈眈；低头一看，悬崖底下还有一只老虎，更糟的是，此时他看见两只老鼠正忙着啃咬悬着他生命的灌木的根。突然，他发现附近有一些野草莓，伸手可及。于是，他拽下草莓，塞进嘴里，自忖道："多甜啊！"

在生命的进程中，当不幸、危难和压力向你逼近的时刻，你是否还能顾及享受一下野草莓的滋味？这就需要人们挑战压力，变压力为动力。

要想变压力为动力，首先要做的是减轻"负载"。一般人之所以压力大就是因为身上的负担过重造成的，可以通过写下你所看重的和你所背负的责任来进行，然后设置轻重缓急的级别，放下那些不重要的，做到轻装上阵。

要变压力为动力，就要正确看待自己，要明白超人只存在于滑稽剧和影片中。每个人都有自己的局限，来认识、接受你自己的"有限"，并且在达到你的限度之前停下来，减少不必要的压力。

当压力到来，已经产生压抑的感觉时，找你信赖的朋友或者心理辅导师来诉说你的感受，直接减轻你压抑的感觉，这有益于你客观、冷静地思考和计划。

另外，要注意饮食习惯，当人在压力之下时，我们常趋向于过量饮食，尤其是一些只会使压力增加的、无利于营养的食物。均衡地摄取蛋白质、维生素、植物纤维，有利于排除白糖、咖啡因、多余的脂肪、酒精和烟碱，这是减轻压力和其他影响所必需的。

确保一些必要的体育锻炼，这能使你更健康，并且有利于消耗掉多余的肾上腺素，它能引发压力和伴随而来的焦虑。

当一个人长期处在一种压力下，却又苦思不得打破，神经已绷至极限，马上要失去理智时，或当一种压力以偷袭的方式突然将你打得措手

不及时，切忌失去耐性，孤注一掷，或仓促应对，匆忙出手。此时应使自己的心绪平静下来，果断地给自己喊暂停。

压力是现代生活中很平常的一部分，不要惧怕压力，不断去努力挑战吧！记住，不管压力有多大，只要努力，你就能战胜他。让它成为你前进的动力。

2 做最好的自己——挑战自卑

自卑是因过多地自我否定而产生的自惭形秽的情绪，也是一种自尊的体现，当人的自尊需要得不到满足，又不能恰如其分、实事求是地分析自己时，就容易产生自卑心理。它是一种不健全的心理的体现。自卑心理形成时，人就会从怀疑自己的能力到不能表现自己的能力，怯于与人交往到孤独地自我封闭，看不到自己的特长，不敢发挥自己的优势与人竞争，往往阻碍自己的发展。因此，青少年应该挑战自卑，做回最好的自己，告诉任何人："我能行！"

每个人都有自己的缺点，当这些缺点与别人相比时，往往显得逊色，这样人人都会产生自卑的心理。但是这种自卑心理的严重程度不一样，有的成了一个人努力的起点，而有的却成了一个人致命的弱点，这些人因为自卑，看不到人生的光华和希望，领略不到生活的乐趣，也不敢去憧憬那美好的明天。

§ 挑战自卑，谱写凯歌

张海迪就像一块晶莹剔透的宝石，不仅是残疾人的楷模，也是整个人类学习的榜样。

一个三分之二肢体失去知觉的姑娘，以强者的英姿，先后出版了多部创作作品和翻译作品，用所学的医学知识和针灸技术，医疗治病万余

人次。在向不幸命运的挑战中，张海迪以言行谱写了壮丽的人生。“现在从人们的目光中我或多或少地了解我比别人低一等，那就是因为我失去了双腿。多么痛苦呀！沉沦吗？我不甘心；奋进吗？我该怎样铺设一条金光大道？是的，首先要克服自卑感。要这样想：在通往未来的征途上，我和你们是同龄人！我要加强自我制约能力，坚强些！”

一个残疾人真正地克服自卑感以后，就可能以坚强的毅力创造奇迹。那么作为一个肢体健全的人呢？就该以自己一时的不如意而自暴自弃吗？

挑战自卑，其实是一个人求证自己生命价值的过程。人来到这个社会，他的责任之一就是要求证自身的价值。这是人类活着的最大意义。而自卑会成为我们完成使命的最大阻碍。于是，只能全力以赴超越自身的不足，才能做出自己想要做的事。如果你只是让自卑成为你生活中的主角，你永远不可能取得成就，也不可能证明你活在这世上的价值，因为自卑让你的生活充满了阴影。没有阳光的花朵，再好看，也只是一种病态。

§放下自卑，成就自我

自卑是阻止一个人成功的桎梏，它让你在交往中缺乏自信，在办事中缺乏胆量，畏首畏尾，随声附和，没有自己的主见……因此要放下自卑，做好自己。使自己要做到以下几点：

1. 正确认识自己，提高自我评价

自卑的人容易接受别人对他的低估评价，而不愿接受别人的高估评价，有时也不能接受别人对他的适当评价。在与他人比较时，也多半喜欢拿自己的短处与他人的长处相比。越比越觉得自己不如别人，越比越泄气，自然产生自卑感。其实，要明白每个人都有自己的优点。

要克服自卑，首先要正确认识自己，提高自我评价，要善于发现自己的优点，肯定成绩，以此激发自己的自信心，不能把自己看得一无是处。

2. 善于自我满足，消除自卑心理

自卑的人一般都经不起挫折打击。一旦遭受挫折，就很容易意志消沉，增强自卑感。因此，凡事不应有过高的要求，要善于自我满足，无论生活、工作或学习，都不要苛刻要求自己。这样，就容易达到目标，避免挫折的发生，有助于自卑心理的消除。

3. 坦然面对挫折，加强心理平衡

挫折是在所难免的，自卑的人心理防御机制多数是不健全的，自我评价认知系统多数偏低。因此，遭受挫折与失败的时候，不怨天尤人，也不轻视自我，要客观地分析环境与自身条件，加强心理平衡。

4. 广泛社会交往，增强生活勇气

孤僻、内向，不合群，常把自己孤立起来，少与周围人群交往，这是自卑的人的常有表现。如能多参与社会交往，可以感受他人的喜、怒、哀、乐，就可以丰富生活体验。通过交往，可以抒发被压抑的情感，增强生活勇气，走出自卑的深渊。

自卑在某种程度上来说也是一种自尊的表现，但是当自尊心得不到满足，频繁受到打击的时候，心理就会受到严重的伤害。轻者让人思前想后，苦苦烦恼，重者使人一蹶不振，贻误终身。因此，要小心谨慎地对待自己的自卑心理，不要让自卑成了前进路上的绊脚石。

生活中要明白：自卑消磨一个人的雄心、意志，使人自暴自弃、悲观泄气。为了人生少走一些弯路，要小心自卑心理的侵蚀。

3 让自己轻松起来——挑战焦虑

人生充满了许多未知，它们往往与人不期而遇。因此，人们无法预知它的发生发展，也无法抵制对未来的焦虑。其实这种焦虑是不必要的，一个人要想成功，就要让事情顺其自然发展，放下焦虑，让自己轻松起来。

一个人，一生有很多达不到的目标，有很多克服不了的障碍，千万不要因此焦虑起来。因为焦虑不仅解决不了问题，反而让自尊心和自信心严重受挫，让失败感进一步加强，离成功越来越远。成功不属于杞人

忧天焦虑重重的人，成功只属于时刻准备轻松应对的人。

§消除焦虑，轻松自我

“焦虑”，人人都曾经历过，一定程度的焦虑是有益的，可取的，甚至必要的。焦虑是对生活持冷漠态度的对抗排挤，是自我满足而停滞不前的预防针，它促进个人的社会化和对文化的认同，推动着人格的发展。但是，如果有太多的焦虑，以致于达到焦虑症，这种情况不仅不利于人的健康成长，还会妨碍人们去应付、处理面前的危机，甚至妨碍到日常生活。

高蕾是某中学高一的学生，前一段时间她变得相当敏感，神经极度紧张，把自己坠入了痛苦的深渊，不能自拔。先是心理上的不适，后来导致了身体疾病。每天大脑都昏昏沉沉的，而且夜里睡不好觉，精神萎靡。她意识到自己心中的焦虑在一天天地加重，并且已经开始影响她的生活。

为了早一天走出困惑，她走进了学校的心理咨询室，在老师的帮助下开始调整心态。一段时期后，她便恢复了往日的朝气与自信。并且在学期期末的考试中，取得了优异的成绩。她说：“没有了焦虑的困扰，我变得轻松了，做事效率也高了，也有了足够的自信。”另外她还说：“焦虑不是不可能消除的，只要你有信心，焦虑一定会远离自己。”

上述事例中的高蕾在面对焦虑时，不是缩手缩脚，而是勇敢地向心理咨询师进行咨询，最终找回了自信，取得了好的成绩。所以，青少年在面对焦虑时，也应该及时地到相关咨询室进行咨询，早日找回自信，乐观地面对生活。

§放下焦虑，成功自我

在现实生活中，人们常常会因为很多事而焦虑，生活质量得不到改善，学习成绩不能提高，与父母的关系不能融洽，等等。但是焦虑的消极情绪对解决任何问题都无济于事，相反，只有心平气和、乐观、勇敢、自信，才是克服焦虑的精神良药。

在这个世界上没有让自己永远满意的事情，自强成功的人只能放下焦虑，沉着应对，让焦虑为积极进取让步。因此作为青少年要学会消除焦虑的方法。

1. 要为自己活着，不要“看着别人活，活给别人看”，要经常问一问自己：我的生活目标是什么，我是谁，我是不是每天有所进取？学会正确认识自己，愉快地接纳自己，以自我评价为主，正确对待他人评说。认清自我是放下焦虑的首要条件。

2. 在交往中，要让自己坦然、真诚、自信、充满生命的活力。充分展示你的人格魅力，就会赢得成功。

3. 一个人的人格魅力在智慧、在内心，学会“人合百群”是新世纪社会交往的要求。锻炼人际交往中的亲和力，应摒弃“物以类聚，人以群分”的陈旧观念，做一个新时代的青少年。

4. 生活要积极自主，潇洒自在，为自己寻求快乐。要明白焦虑对于解决任何问题都无济于事。因此，只有放下焦虑才能更快地成功。

小提示

人虽然没有未卜先知的能力，但是人人都有对生活的预见性。人们往往根据自身已有的条件来预见未来的明天，当这些预见不能达到自己的目的时，人们往往表现得焦虑不安。焦虑使人的心情变得更加沉重，进而对未来失去信心。因此，一个人要想成功，就要正确地对待焦虑。消除焦虑，轻松自我，成功人生。

4 保持冷静——挑战紧张

当今社会是一个竞争激烈的社会，快节奏、高效率是它最基本的特点。在这样的社会中生活紧张是在所难免的。但是持续的高度紧张会让我们在处理事情时失去理智。因此，要想成功，首先要消除紧张的心理，保持冷

静的心态。

当生活中遭到不幸或突然的变故时，千万不要让紧张侵袭你的整个心灵。因为紧张并不能为你带来解决问题的方法，反而使人发挥不出正常的水平，更别说要有事半功倍的成绩了。成功只属于那些具有冷静头脑的人。当一件意想不到的事情发生时，冷静地分析事情发生的原因，寻找解决的方法，才能更好地解决。

§用冷静代替紧张

在漫漫人生旅途中，当意识不到的事情悄悄来临时，往往会让你迅速地进入强烈的紧张状态。有的人能在紧张中快速地镇静下来，而有的人却因为紧张，最终使自己走向失败的深渊。

伍子胥，春秋时吴国大夫，是楚国大夫伍奢的次子。楚平王即位时，伍奢任太师。平王听信少师费无忌的谗言欲杀伍奢，并令其召回其两个儿子。伍子胥的大哥为了救父而回国，而伍子胥意欲逃走。楚平王下令画影图形，到处捉拿伍子胥。伍子胥起初想逃回吴国，无奈路途遥远；因太子建在宋国，伍子胥想去宋国，因宋国内乱，与太子一起奔郑；奈何太子为了和晋国联合谋取郑国的意图被郑国国君知晓而被杀，子胥又奔吴国，过陈国到昭关。昭关在两山对峙之间，前面便是大江，形势险要，并有重兵把守。伍子胥因紧张过度，一夜之间头发全白。

这就是有名的“伍子胥过昭关，一夜白了头”的故事，这是一个典型的因过度心理刺激而导致人加速衰老的例子。

紧张过度往往会给人们带来意想不到的恶果，不仅危害人们的身体，还会影响到一个人的前程。因此要时刻保持冷静的头脑，才会有敏锐的判断力，才不会因为自傲而导致失败，也不会因为头脑发热，一时冲动而造成无法挽回的损失。

§消除紧张，成功自我

人，需要适度的精神紧张，这是解决问题的必要条件，因为有紧张才有

动力。但是，过度的精神紧张，反而不利于问题的解决。人若长期、反复地处于超负荷的状态之中，就容易急躁、激动、恼怒，严重者会导致大脑神经功能紊乱，有损身体健康。因此，要想成功就要克服紧张的心理，设法让自己从紧张中解脱出来。

当一个人已经出现了紧张的情绪反应时；人们习惯上常常会劝慰当事人："别紧张！""有什么大不了的！"而当事人自己也常会这样告诫自己："别紧张！""没有什么了不起的！"但却并没有减少紧张的情绪，反而制造了更大的情绪。生活中为了消除紧张情绪可以尝试一下下面的方法：

1. 松弛：在紧张的工作、学习生活之余，可以选择各种娱乐活动，调节自己的生活，松弛紧张的状态。如果在工作、学习中遇到难题或必须完成的紧急任务，首先应该稳住自己的情绪，不必紧张，也不能急于求成，以免乱了方寸。另外要相信自己有能力，并对困难作冷静的分析，制订出必要的应付方案，让紧张的情绪远离身边。

2. 给自己制订合理的计划：在制订计划时一定要符合实际，若所拟的工作计划不符合实际，便会受到挫折而引起情绪紧张。可以在预订生活进度表时，安排一小段"真空时间"。在这段时间，完全做自己想做的事情。可以利用它来完成先前未能做完的事情，或是着手下一步的准备工作。这样既有助于完成计划，又能感觉到自己能支配自己的生活，内心较为轻松，工作的效率就会提高。

3. 与人真诚相处：与人交往，应真诚坦荡，与人为善。虚伪不仅使人厌倦，而且自己也会因此而有不安全感，如不自觉地猜想别人会不会得知真相，猜想别人是否在背后议论自己，并为此惶惶不安，导致关系紧张。与人真诚相处，没有心理负担，就会收到良好的精神效果。

当紧张的情绪已经出现时，就应该坦然面对和接受它，应该想到自己的紧张是正常的，很多人在某种情境下可能比你更紧张。不要与这种不安的情绪对抗，而是体验它、接受它。千万不要让自己陷入里边去，不要让这种情绪完全控制住你，正视并接受这种紧张的情绪，坦然从容地应对，有条不紊地做自己该做的事情。

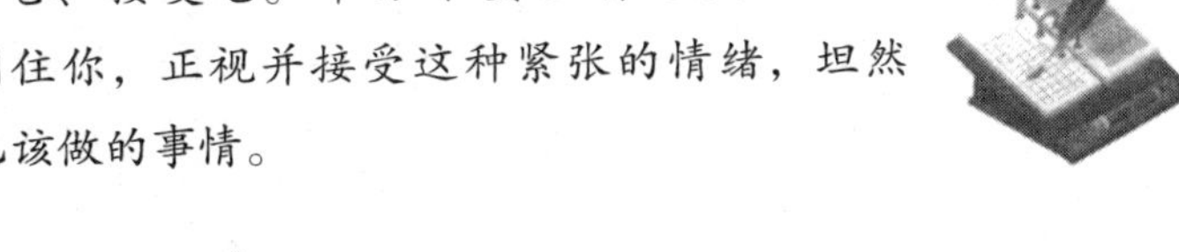

放下紧张，不要让它成为你前进道路上的绊脚石。不管事情来得多么突然，都应该冷静地对待。记住，只有冷静者才能做出最准确的判断。

5 克制自己——挑战坏脾气

成功不仅仅在于能在某个领域取得多大的成绩，还在于他的成绩能否得到他人的认可。希特勒在军事上的才能值得肯定，但他却把这种才能用在了残害人类的战争上。生活中善于克制自己的人往往是最成功的人，生活中任由自己脾气发泄的人往往受到众人的冷落，成为孤家寡人。因此，要想取得成功，就要善于克制自己，勇于挑战自己的坏脾气。

有些人脾气很坏，暴躁、倔强、怪癖、任性，生活中任其所为，面对他人的劝说，并不懂得收敛，不仅伤害了亲戚朋友，也伤害了自己，让自己变得不被别人接受，也不被人理解。遇到挫折时，没有他人的安慰，遇到困难时，没有他人的帮助，要想成功做一件事，势比登天，难上加难。成功不属于那些不知收敛坏脾气的人，而是属于懂得克制自己的人。

§ 坏脾气不可有

脾气，是一种普遍的心理现象。不少青少年脾气急躁，遇事容易冲动，特别是对一些不顺心或自己看不惯的事，常常容易生气或怄气，有时还同人家争吵，说出一些使人难堪的话，不仅影响了同学关系，也影响了家庭的和睦。

人的脾气有好有坏。好脾气不可无，坏脾气不可有。脾气好的人无论到哪里，都会受到欢迎，别人喜欢同他合作，喜欢与他交友，喜欢帮助他；脾气不好的人，则常常给自己和别人带来苦恼，使别人觉得难于与之相处。

有人做过调查，调查发现绝大多数男女青年在选择配偶时，都把要求对方脾气好作为条件之一。人人都知道在一个家庭或一个人所处的小单位里，如果有一两个脾气不好的人，常会使这个家庭或集体搞不好团结。青少年也有所感触，倘若一个同学的父母脾气都很好，那么这个同学的家庭就会很和睦，倘若一个同学的父母有一方脾气不好，那他的家庭战争就会连绵不断。因此好脾气不可无，坏脾气不可有。

§改掉坏脾气，克制自己

改掉坏脾气不仅可以消除个人的苦恼，而且可以促进家庭和睦，增强集体团结。但是生活中，很多人抱怨自己的坏脾气怎么样都改不了。坏脾气不是一天能够形成的，也并非一朝一夕就能改掉。下面的一个故事，希望青少年能从中得到启示：

有一个男孩脾气很坏，他的父亲为了让他改掉坏脾气，就给了他一袋钉子。并且告诉他，每当他发一次脾气，就钉一根钉子在后院的围篱上。第一天，这个男孩钉下了37根钉子；第二天，他钉了30个；第三天，他钉了25个。慢慢地每天钉下的数量都在减少。他发现控制自己的脾气要比钉下那些钉子来得容易些。

终于有一天这个男孩再也不会失去耐性乱发脾气了，他把这件事告诉了他的父亲，父亲告诉他，现在开始每当你能控制自己的脾气的时候，就拔出一根钉子。就这样一天天地过去了，几天后男孩告诉他的父亲，他终于把所有钉子都拔出来了。父亲握着他的手来到后院说："你做得很好，我的好孩子。但是看看那些围篱上的洞，这些围篱将永远不能回复到从前，你生气的时候说的话将像这些钉子一样留下疤痕。"

"如果你拿刀子捅别人一刀，"男孩的父亲接着说，"不管你说了多少次对不起，那个伤口将永远存在。说出去的话就像泼出去的水，伤痛就像真实的伤痛一样令人无法承受。人与人之间常常因为一些彼此无法释怀的坚持，而造成永远的伤害。如果我们都能从自己做起，宽容地对待他人，相信你一定能收获许多意想不到的结果。帮别人开启一扇窗，

也就是让自己看到更完整的天空。改掉自己的坏脾气，给别人机会的同时也是在给自己机会，学会微笑，把笑脸留给自己，也留给身边的人。”

从这个故事中，青少年应该明白应改掉坏脾气的道理。要想改掉坏脾气，首先，要正确地认识坏脾气的危害。生活中，总要与他人进行接触和交往，希望得到他人的好感、友情、赞赏、合作，否则，就会感到寂寞、孤独，生活缺乏生气，做事寸步难行。认识了坏脾气的危害，就有了从内心产生改掉坏脾气的要求。其次，要加强思想修养，只有自己心中经常想到别人，尊重别人的需要、利益、个性和人格，才会对别人温存、体贴和热爱。只有把集体的利益放在首位，才不致意气用事，才能遇事心平气和，三思而行。最后，要有改掉坏脾气的决心和毅力，不三天打鱼，两天晒网。做到以上三点，坏脾气是一定会改掉的。

俗话说：“冰冻三尺非一日之寒。”同样，坏脾气也不是一天形成的，改掉它也不是一件容易的事，但是你一定要有改掉坏脾气的决心和毅力。当坏脾气彻底远离的时候，人人都会向你露出会心的微笑。

6 胆大起来——挑战害羞

一个人要想成功，就要敢于表达自己的观点，让自己变得胆大起来。一个生性内向，见人就脸红，说话办事都害羞的人是很难成功的。因为害羞，他们不被人理解；因为害羞，他们不被人认可；因为害羞，他们就会失去本应有的机会。

有些人很害羞，只要稍稍注意你就会发现，课堂提问时，有些人总是低下头，不敢正视老师的眼睛；与老师相遇时他们急忙绕道而行；在班会上发言，常常面红耳赤，声音弱小……长此以往，由于害羞而不敢说话，不愿多与人交往，同时也为自己的害羞而烦恼、痛苦。

§别让害羞误了前程

一般来说，害羞都会带来不同程度的弊端，比如：不敢与陌生人接近从而减少与他人交往的机会；不敢表达意见因而丧失个人权利；使人神经过敏，反应过度；增加依赖的心理而无法培养独立人格；常常因紧张而临场表现失常；等等。长期这样下去必定耽误你的美好前程。

史晓云生性害羞，她所在的单位会时不时地举行一些活动，每当如此，她总是感到非常不自在，长时间的害羞让她非常不习惯这样的场合。最让她感到难过的是在年初，单位要搞处级干部竞争上岗，其中最重要的一关是“施政演说”。她由于害羞，没有足够的勇气和胆量，只好放弃。

她的专业和资历绝不比人差，然而就是这个由“胆怯、害羞”组成的自卑拖了她的后腿！其实可以说她的“想法”拉了她的后腿。

她是那个时代的佼佼者，然而却由于害羞耽误了自己的前程。作为青少年，面临的竞争将会更加激烈，在竞争中你也许与你的对手实力相当，不分上下，那么再靠什么能取胜呢？在这个关键的时刻就要让更多的人了解你，认可你，不要羞于表达，尽可能地与别人接触，争取所有的机会，别让害羞误了你的前程。

§挑战害羞，成功自我

在现实生活中，人们往往感叹自己没有机会，其实机会就存在我们身边，只是人们羞于表达，不善于把握而已。因此，对于羞于表达的人，挑战害羞，是走向成功的关键一步。

对于那些常受羞怯感困扰的人来说，现在已经有了不少解决的方法。其中，行为治疗是极为有效的方法之一，有害羞困扰的青少年可以试一下这种方法。然而，这种治疗并不一定能根除你的羞怯之心。那么如何去克服害羞呢？

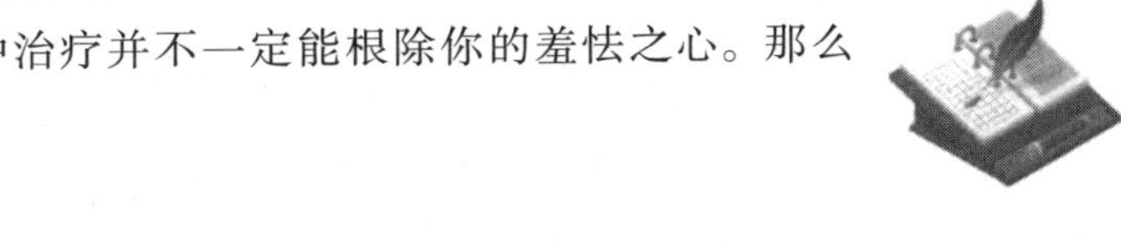

1. 接受自己“害羞”的现实

害羞是逐渐形成的一种性格，假如害羞的性格已经形成，就不要刻意追求奔放和外向，否则就会像“邯郸学步”一样，到头来把自己的优点都丢失了。要接受自己害羞的现实，不要紧张和掩饰自己，采取随和的态度，也只有这样，同别人的关系才能密切和友好。

2. 多参加集体活动，增加与他人接触的机会

也许刚开始参加集体活动会不适应。可以采用下面的小方法：当你和别人在一起的时候，无论正式或非正式的聚会，应该记得手上握住一件东西，如一本书、一块手帕或其他琐碎的小东西。这样首先消除羞怯感。在集体活动中，学会同各种各样的人打交道。刚开始时不要急于求成，可以坐在不起眼的地方，观察别人的表现。看他们是如何展示自己的。然后，要鼓起勇气迈出第一步。万事开头难，当害羞者迈出可喜的第一步后，伴随着从未有过的成功体验和对自己的重新评价，便会开始相信自己的能力。多参加这样的集体活动，在活动中消除害羞。

3. 做个有心人，记下你感到不安的事情

记下害怕与担心，当事情结束的时候，你会觉得这些害怕和担心不可思议，而且完全没有必要。这样预先做好克服它的准备。比如你演讲时，拿讲稿的手会抖，那你不妨把讲稿夹在写字板上，这样拿在手上可能就不会抖了。多体验这样的经历，就会对很多事情应对自如了。

4. 改变你的身体语言

害羞的人往往给人以孤僻、冷傲的感觉，而实际上内心深感胆怯、孤独与渴望交流。改变这种状态最简单的方法就是改变身体语言。一个眼神，一个动作，可以缩短你与他人之间的感情距离，可以化解朋友间的误会，试着改变你的身体语言，是消除害羞的好方法。

害羞是一种在感应刺激下的反应心理，人人皆有，但不能让害羞占据整个人的心灵。当害羞的心理强烈控制你的时候，只要你能够心平气和而正确地看待自己，用眼睛望着对方并且说话的声音大一点，就能有意地克服害羞心理。当然这就像改变其他行为一样，刚开始时总觉得不

好意思，觉得还是回到老样子更舒服些。此时你不妨先将一切担心往好的方面想，最重要的是不要在乎那些你所害怕的事情，只要多锻炼你就会慢慢地改变害羞的状况。

记住，害羞是成功路上的绊脚石，只要你能克服它，就迈出了成功的一步。

7 快乐起来——挑战抑郁

理想在彼岸，现实在此岸，中间需要一座坚实的桥梁，那就是为了理想而奋斗。处于抑郁状态的人就会失去理想所在，失去了奋斗动力。一个人要想成功，就要战胜忧郁，快乐起来，再现人生光彩。

抑郁的时候，通常会感到疲倦，心灰意冷，睡眠不佳，食欲减退。另外的思维方式也会受到限制，向负面发展。过去显然是成功的事情，现在看起来却是失败的，过去很高兴的时刻现在已经没有了意义。青少年拥有这样的心理，就会悲观失望，让自己的生活更加没有意义。所以，青少年要走出抑郁的心理，善于挑战自我，做生活的强者。

§ 抑郁害人不浅

伴随着社会日益激烈的竞争，正在学龄期的青少年除了要承受学习的压力外，还要承受来自社会方方面面的压力。最近心理学家在研究中发现，青少年患抑郁症的人数正以8%～10%的速度递增，严重影响着青少年的健康成长。下面是两则真实的故事：

18岁的小明是一名高二学生，父亲患有精神分裂症，母亲身体不好，他从小就觉得受人歧视。进入初中，因不与同学交往，同学都称他为“白痴”，这使他更加感到自卑。初三由于慢性病休学一年，回校后，成绩仍差，身体一直不好，这使他觉得自己离班级、同学更远。随着年

龄的增长，他更觉自己无用，便产生轻生的念头。进入高中后，一切均无改善，对社会、家庭、人生和自己极度悲观失望，提不起精神去上学，也不想上学，觉得自己是个多余的人，还不如死了。

欣欣是一个聪明可爱的女孩，刚升入高一不久，她本想在新环境中集中精力好好学习，还要充分展示自己的文艺特长。可不知怎么，她觉得自己越努力越紧张，与同学也不能很好地相处，而且考试时经常出现胸闷、头晕、出汗等情况，有时伴有腹痛或腿抽筋，注意力也不能集中，做作业时，大脑中不是一片空白，就是胡思乱想，无法控制自己的紧张情绪，考下来的成绩可想而知，很不理想。

小明是典型的抑郁，表现为持久的情绪低落、悲观失望和对生活充满无意义感，并伴有轻生念头。欣欣已经开始有了抑郁的症状，如果得不到及时引导，就会形成心理疾患，导致心理障碍。抑郁正侵袭着青少年的心理，像小明和欣欣这样的例子并不少见，抑郁危害着青少年的健康。

§走出抑郁，再现人生光彩

抑郁也许是灵魂最黑暗的冬季，它危害着青少年的健康，影响着青少年美好的人生。因此，作为青少年要走出抑郁，再现人生光彩。

抑郁不是与生俱来的一种品格，它只是生活中的一个小插曲。为了能早日走出抑郁，首先我们可以制定一个切实可行的目标，也就是外在条件和自身条件都要具备的目标。最初的计划要比较易于实现，需要的时间、精力比较少。如果这个过程所需要的时间和精力太多，在你对什么都不感兴趣的情况下，半途而废的可能性就会增大。比如你定下的目标是“今年夏天学会游泳”，这个目标就是可行的，只要自己坚持下去，就很容易取得成功。

其次，将你的具体行动计划划分成足够小的步骤，确保你自己一定可以按计划执行。为你的目标制订一个详细计划，计划的每一步要达到的目标都足够小，以确定你一定可以做到。比如，你第一步的目标可能是：确定游泳课的上课时间。在确定每一个分目标时，要确保你一定可以完成。每完成一个目标，你就胜利了一次，每一次成功会令你的自信

逐渐增长。不要让你的目标有任何一次落空，那样会增加你的挫败感。

最后，用自己的行为定义是否成功。我们可以控制自己的行为，但不能控制别人的行为，不要把与别人共同完成的目标加入你的计划中。因为你的这个目标违背了上一条原则，你并不能确定这个目标一定就可以实现。

生活中，有很多事情不尽如人意。青少年时期身体发育急剧变化，但是由于阅历浅，知识和经验不足，认识力、理解力、思维力和亲情力还没有达到足以承受压力的水平，这样就容易让青少年出现许多困惑、烦恼和躁动不安，容易产生抑郁心理。

但是抑郁并不是人们想象得那么可怕，面对抑郁，只要你勇敢地站起来，果断地对它说不，它就只能对你望而却步。

记住，不要让抑郁占据你的心灵，要有意地躲避它和战胜它，你才能做生活的强者，做一个成功的人。

8 学会欣赏别人——挑战嫉妒

古往今来，嫉妒者无不以害人开始，以害己告终。英国学者培根说得好：“每一个埋头于自己事业的人，是没有工夫去嫉妒别人的。”只有那些不愿付出努力又想成功的人才会嫉妒别人，而又往往得到失败的结果。因此，一个人要想成功，就要消除嫉妒心理，学会接受自己的短处，欣赏别人的长处。

山外青山楼外楼，每个人都有不如别人的地方。生活中，与周围的人相比，也许你没有他人有才华，没有他人有造诣，没有他人有地位，没有他人有美丽容貌，没有他人有苗条身材，没有他人有高贵气质，没有他人圆润的歌喉……不要只看到别人的长处，不要嫉妒他人的长处，

因为这些只能是徒劳无获，白白浪费自己的时间。只有学会欣赏别人，努力进取，才是走向成功的捷径。

§用欣赏代替嫉妒

一切不利影响中，最能使人短命夭亡的，是不好的情绪和恶劣的心境，如忧虑和嫉妒。嫉妒心理犹如心灵的肿瘤，危害人们的身心健康，也危害着青少年的前程。拥有嫉妒心理，就像是在身边埋下了一颗不定时炸弹，随时都危害自己和身边的人。

曾有这样的例子，两个大学生，年龄相仿，才学相当，双双考入美国某大学读研究生，并从师于同一导师。其中一位姓张的同学除学业优秀外，与老师、同学关系处理融洽，理解人，关心人。而另外一个人除了与姓张的同学学习一样优秀外，在其他方面显得有些逊色。因此他暗暗对张同学心存不满和妒忌。由于张同学各方面都处理得当，学习成绩也越加出色，使另一个越发妒火中烧，不能自已，成绩也是一路下滑，竟然起意杀人，犯下滔天的大罪，最终自己受到法律的制裁。

由上面的例子可以看出，妒忌这种阴暗的心理，如不能加以调整，制约，不断发展和膨胀，将会造成多么可怕的后果。那么人们应该怎么对待比自己优秀的人呢？那就让我们学会欣赏别人吧，把别人的成绩当成自己前进的动力。

§放下嫉妒，成功自我

现在，人们已经认识了嫉妒心理的危害性。它不仅严重危害着人们的心理健康，也危害着人们的身体健康。嫉妒别人的人往往自大，自私，从害别人开始，以害自己告终。

嫉妒心理的存在，在于极端个人主义和利己主义思想左右着人们的头脑，它使人不能正确地认识客观事物和恰如其分地估价自我。世界上不会有十全十美的人，也不会有十全十美的人生，他人的优点和自己的不足都客观存在。如果每个人都能正确地看待自己和他人，严于律己，宽以待人，靠自己的努力去驾驭生活的风帆，放下嫉妒，就会发现生活对每一个人都是公平的。

妒忌是阻碍我们前进的拦路虎，是人生前进路上的绊脚石。一个人如果对别人产生了妒忌心理，那么他必然会以“我”为轴心，看不到自己的优点，发现不了自己的缺点，对于他人的长处，满脑子都是忧愁怨恨，结果只能是徒生烦恼。如果任凭妒忌在心中滋生，妒忌心理就会恶化为妒忌行为，最终害了别人又毁了自己。上面的例子很好地证明了这一点。

一个埋头于自己的学业或者事业追求的人是无暇顾及别人的事的，更不会无事生非去嫉妒别人。一个人没有理想，胸无大志，无所事事，就会去挑别人的刺，寻别人的短，自己不进取，却去阻碍他人前进，唯愿众人都平庸度过，相安无事。嫉妒心理往往就在这样的人心中滋生。

人生就是一个大舞台，每个人都有长于别人的优点，每个人都有自己适合的角色，人人“自得其所”，各有归宿；要有勇气承认对方有比自己更高明更优越的地方，从而重新认识、发现和创造自己。这样就能从病态的自尊心中解放出来，从嫉妒的泥潭中自拔出来。放下嫉妒，成功自我。

生活中，你会遇到很多比自己优秀的人，他们身上始终散发着一种诱人的气息，他们做事认真，事事得心应手。这时千万不要让嫉妒偷袭你的心灵，因为这样不仅不能使自己进步，反而加重了自己的心理负担。那么，就放下嫉妒，把别人的优点当作自己前进的动力吧，把他们的成绩当成自己的目标吧。努力奋斗才是自己成功的道路。

放下嫉妒，不管成功的道路有多么坎坷，都要奋斗，奋斗，再奋斗！让自己走上成功的巅峰！

9 不要过于敏感——挑战猜疑

中国自古以来就有“用人不疑，疑人不用”的古训，凡是多疑者大都犯下了严重的错误，害人也害己。因此，一个人在生活中放下猜疑的心境，让信任左右人生，方能走向成功的顶峰。

猜疑是人性的弱点，历来是害人害己的祸根。生活中，因为猜疑，夫妻离异；因为猜疑，朋友反目；因为猜疑，快乐不再，烦恼缠身。那么，为什么不放下猜疑，生活在彼此信任的世界中呢?

§猜疑，毒害人生

猜疑是什么?是没有根据地怀疑别人，是怀疑别人做事针对自己，是猜疑别人有盗窃行为……人，一旦让“猜疑”缠身，不是走向失败的深渊，就是留下千古骂名。曹操一代枭雄，就是因为猜疑而降低了自己的魅力。

曹操生性多疑，杀董卓失败而逃跑。三天后，来到成皋地界，曹操想起此处有他父亲的一位结义兄弟叫吕伯奢，便去投宿。吕伯奢欢天喜地将曹操与陈宫迎进门来吩咐家人杀猪宰羊，自个儿到西村去打酒。一会儿，忽然听见有磨刀之声，曹操以为有人谋害他，便将吕伯奢一家八口人都杀了。杀了八人之后，两人继续搜寻，结果在厨房内发现了一头被缚着的猪，恍然大悟，叫苦不迭。见事已至此，便骑马逃离了吕家。在逃跑的途中留下了“宁叫我负天下人，休叫天下人负我”的狂言。

曹操因为多疑犯下了很多错误，对自己的贴身仆人都猜疑。他说自己梦中好杀人，叫仆人在他睡觉的时候不要靠近他。后来这个仆人去给他盖被子的时候被他杀了。曹操赤壁兵败，在逃跑的路上，不走大路，看见小路方向有烟火，偏往小路走。诸葛亮料到曹操多疑，因此埋伏兵马在小路。曹操中计。这便是曹操败走华容道的历史事件。

曹操，一代枭雄，因为生性多疑而落下了一代奸雄的称呼。杀杨修，筑多坟都是多疑造成的。曹操的猜疑让他痛失爱将，让他兵败赤壁。假如曹操少一份猜疑，多一份信任，也许早已统一三国，也许中国历史上会少了三国鼎立的局面。

§让信任代替猜疑

猜疑缠身，好友也会反目成仇，家庭也会支离破碎；猜疑缠身，就会无端、胡乱猜疑，往往只凭个人主观臆想猜度对方，凭个人好恶来理解自己所亲近的人，常使自己处于高度紧张的状态，处处设防，小心戒备，活得很累。猜疑就会害了自己，害了朋友，也害了亲人。

生活在多疑虚假的世界，不相信社会，不相信人生，不相信生活，不相信朋友，不相信爱情，自己反驳自己、思想斗争思想、真实怀疑真实、虚假掩盖虚假。从此没有了快乐，没有了单纯，没有了天真，没有了真诚。猜疑使我们的生活变得乏味。让我们多一份彼此的信任，少一份胡思乱想吧，别让猜疑伴随你的左右。信任，就是一个人对另一个人的信赖，也就是相信。

信任，是一个人必不可少的品格，信任对任何一个人都有积极作用。

“二战”期间，斯大林派朱可夫到一个非常关键的战场。朱可夫却委婉地推迟，说自己难以担当这个重要的职责，而斯大林却对他说：“我相信你，你会领导工兵代表苏维埃联盟走向胜利的道路。”这一句话令朱可夫信心大增，随后他部署部队，终于在库尔斯克战役中一举歼灭德军80余万。

为什么朱可夫能发挥出他最卓越的军事才能呢？正是因为斯大林对他的绝对信任给了他信心。信任别人不仅可以成功自己，还可以成功他人。

信任，能让友谊更加纯真，能让生活更加美好，能让人们发挥出自己最大的潜力。那么，就让我们每一人都拥有一份信任吧。

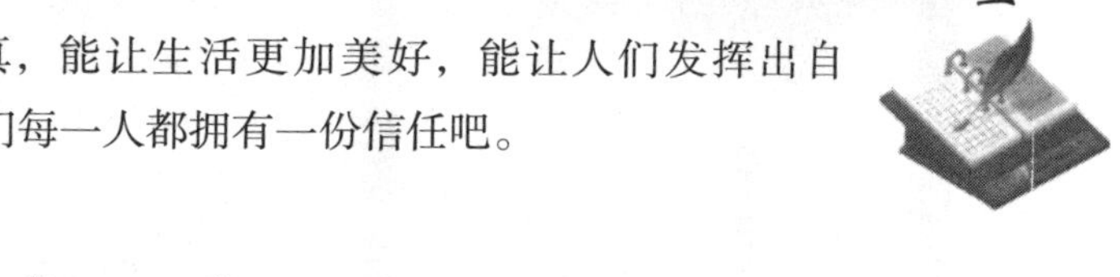

小提示

生活中，有很多青少年不理解不明白的事情，对此就应该先做认真地调查，而不是无缘无故地怀疑，生活也该多一份信任，少一份猜疑。

“亲贤臣，远小人，此先汉所以兴隆也；亲小人，远贤臣，此后汉所以倾颓也。”诸葛亮给我们提供了信任对象的品格。就让我们利用这个标准，去相信周围的人吧。

第六章

借鉴名人，用智慧点燃自强人生

古人曾说过“以铜为鉴，可正衣冠，以史为鉴，可知兴衰；以人为鉴，可知得失。”在许多成功的人身上，你可以看到成功的智慧、做人的学问、生命的精彩。这些都值得我们思考和学习。看名人的故事，品名人的智慧，学习名人的经验，你就会像名人一样成功。

1 李白——铁杵终能磨成针

铁杵磨成针的故事千古流传，它告诉人们要想成功就要有坚韧不拔的毅力和持之以恒的决心。当一个人确定了奋斗目标后，若能持之以恒，一如既往，目标就可以达到，否则只能走向失败的深渊。青少年是向上的一代，若要成功就要牢记铁杵磨成针的故事，在人生的道路上坚持不懈地向着目标前进。

在追求人生目标的道路上，面对挫折和失败，我们是知难而退呢，还是持之以恒坚持到底？我想每一个青少年都会选择后者，因为千古风流人物的辉煌史已经告诉了人们一个颠扑不破的真理——世上无难事，只怕有心人。

§让恒心左右人生

德国诗人席勒说："只有恒心可以使你达到目的。"让恒心左右人生，势必会达到理想的目标。古往今来，多少仁人志士用成功证明了这一点。诗仙李白也用自己的人生诠释着这一道理。

李白是唐代的大诗人，但是小时候读书并不用功。

有一天，他的书读到一半，就不耐烦了："这么厚一本书，什么时候才能读完啊！"于是他干脆不读了，把书一扔就溜出去玩。

李白快乐地跑着，忽然，他看见一位老奶奶正在磨刀石上用力地磨着一根铁棒。李白觉得很奇怪，便蹲了下来，傻傻地看了好一阵。老奶奶也不理会他，只是全神贯注地磨着。后来，李白忍不住了，问道："奶奶，您这是干什么呢？"

"我要磨一根针来缝衣服。"老奶奶头也不抬，专心地磨。

"磨针？"李白更加奇怪了，"这么粗一根铁棒怎么能磨成针？"

老奶奶这才抬起头来说："孩子，铁棒再粗，我天天磨，还怕它磨不成

一根针吗！”

李白听了，恍然大悟，“对呀！只要有恒心，再难的事情也能做成功的，读书不也是这样吗！”

于是他便立刻转身跑回家去，拾起扔在地上的书本，专心地读，从此也不敢再偷懒了。后来他终于成了一位伟大的诗人。

如今，再也没有人用铁棒磨针了，但是这个故事仍然代代相传，教育了一代又一代人。人要成功需要持之以恒的精神和坚韧不拔的毅力。作为青少年，只有让恒心左右人生，才能创造辉煌的成绩。

§拥抱恒心，成功人生

世上无难事，只怕有心人。毛主席也教导我们“世上无难事，只要肯登攀”。一个人，只要有恒心，朝着理想的目标坚持不懈地努力，那他一定能取得最后的成功，无论是现在的学习还是今后的事业。只要功夫深，铁杵磨成针。从今天开始，坚持不懈地努力，最后一定能“水滴石穿”，取得好的成绩。

恒心是什么？它是人长久不变的意志，是百折不挠长期不懈的奋斗，是一定达到目标的雄心壮志，是一个人能否做好事情的关键因素。外界的客观因素不容改变，一个人是否有做好一件事的恒心是取得成功的关键。人的主观因素对自己所做的事情，所干的一切，有着选择决策作用。然而，选择决策因素，不是办好事情、达到目标的主观能动因素。人愿意做什么事情，立志干什么事业，光有选择决策的因素是远远不够的，还必须在此基础上具有主动的能动因素，即向着自己的目标奋斗到底的恒心。只有这样，自己确定的目标才能达到，自己的理想、抱负才能实现，自己的事业才会成功，自己所希望的胜利才会到来。

恒心，是人们取得成功的关键因素。在生活中，往往有这种情形：相同的环境条件，却产生出完全不同的人来；相同的学习条件，却出不了相同的人才。在实践之中，有无远大的理想和抱负与恒心决定着一项事业是否成功。没有恒心的人往往无所作为或半途而废。只有那些信心坚定，壮志不酬誓不罢休，有着坚强不屈的毅力的人才能取得成功。苏秦悬梁刺股；同第周刻苦攻读；爱迪生一生留下近两千项发明，难道这些不是他们用恒心打造的吗？

现实在此岸，理想在彼岸，中间一条湍急的河流，恒心则是夹在这条河流上的桥梁。任何的目标都需要恒心来打造。科学家攻破他所研究或设计的课题需要恒心；工人完成产品生产任务需要恒心；作家写出反映时代的作品需要恒心；教师培育人才需要恒心；学生钻研知识需要恒心……一切的成功都需要恒心。缺乏恒心的人，成功只能对他敬而远之。

生活中，没有理想目标的人就像是失去了翅膀的鸟，无法把握人生的方向。有了生活的目标，没有实现目标的恒心，理想只能成为空想。

青少年是志向远大的一代，应该为了目标的实现，做出不懈的努力和持之以恒的追求。因为青少年都是未来的实干家，而并非未来的空想家。

青少年朋友，为了美好的明天，插上恒心的翅膀吧。记住，不管前进的道路多么遥远，只要有持之以恒的决心，就能实现理想的目标。

2 李贺——惜时努力成“诗鬼”

“明日复明日，明日何其多。我生待明日，万事成蹉跎。世人若被明日累，春去秋来老将至。朝看水东流，暮看日西坠。百年明日能几何？请君听我明日歌！”时间无情稍纵即逝，人生苦短，如要成功，就要懂得惜时努力，今日事决不能等到明日做。否则，只能落下“我生待明日，万事成蹉跎”的下场。

两千年前，一位哲人立于河边，面对奔流不息的河水，发出了一个千古流传的感叹：逝者如斯夫。时光荏苒，稍纵即逝。要想成功，感叹时光的流逝只能浪费更多的时间，何不从现在开始努力奋斗，做一个惜

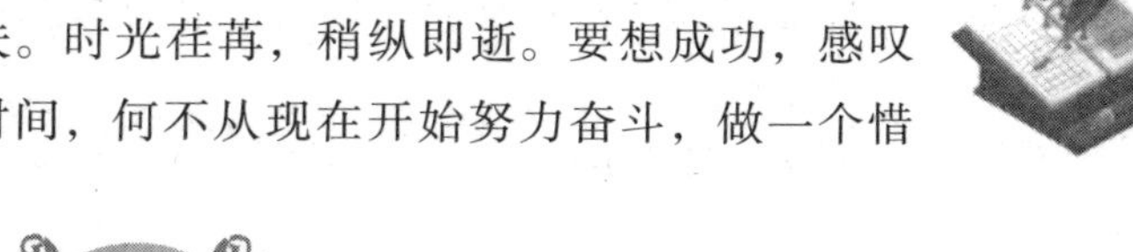

时如金的人。

§让惜时成就人生

人生短短几十年，几多春秋。站在历史长河中来看人生，又是那么地短暂。所以青少年应该懂得珍惜时间。人生千姿百态，有长有短，但是有的人长至百岁，却一生碌碌无为；有的人短至三四十年，却硕果累累，原因就是他们懂得珍惜时间。“诗鬼”李贺就是其中的一位。

唐代著名诗人李贺，少年时作诗就有了名气。十八岁到洛阳，为韩愈所器重，然而一生官场不得志，年仅三十七岁就因病去世。诗人的一生是短暂的，但在唐代群星璀璨的诗歌王国里，他虽是昙花一现，却绝不是一颗划过长空的耀眼流星。他是韩愈诗派中最有创造性的年轻诗人。

李贺一生虽短，但他懂得珍惜有限的生命。小时候，他就很有抱负，吟诗明志：“少年心事当那云。”他酷爱读书，勤于写作，就连出门骑在驴上的时候，也经常见他在思考。母亲曾十分疼爱地责备他：“你一定要把心血呕出来才罢休吗？”这也是呕心沥血这一成语的来历。

一些贵族纨绔子弟，整日里金鞍肥马，花天酒地，绫罗香衫，招摇过市。年轻的李贺非常看不惯这一现象，写了一首《啁少年》的诗，殷切劝诫他们自爱惜时，诗中写道：

少年安得长少年，海波尚能变桑田。
荣枯递传急如箭，天公不肯于公偏。
莫道韶华镇长在，发白面皱专相待。

李贺规劝那些少年们不要虚度光阴。指出：“少年安得长少年，海波尚能变桑田。”岁月陡转，光阴似箭，时间老人对每个人都是公正的。不要说美妙的青春年华是永驻的，生命的年轮不是没有止境的，发白面皱也非遥远的事情。这首诗也成为人们日后劝人惜时时常用的语句。

李贺惜时如金，醉心创作，他留于后世的二百多首诗作，都是呕心沥血的艺术结晶。李贺的人生虽短，但却用自己的独特创造实现着生命的价值，他终于在诗歌的王国中获得了永生。作为青少年，也应该用惜时来劝勉自己，在有限的时间里做出自己应有的成绩。

§ 惜时如金，让生命延长

人们往往感叹时间的短暂，却也往往在不经意间让时间悄悄地溜走。与其感叹今天时间的飞逝，倒不如珍惜今天的时间。鲁迅先生说：“浪费别人的时间就等于谋财害命。”那么对于自己来说，不珍惜时间就等于浪费自己的生命。珍惜时间吧，让自己的生命得以延长。

时间是平凡的，也是珍贵的。“时间是构成一个人生命的材料。”每个人的生命是有限的，同样，属于一个人的时间也是有限的，它一分一秒，稍纵即逝。但金钱买不到，地位留不住，这就是时间的特点。

时间是宝贵的。上天不会因为你的挥霍而多加与你，也不会因为你的勤奋而缺斤短两，人们能做的只有在有限的生命里充分地利用它。鲁迅先生说，时间，每人每天得到的都是二十四小时，可是一天的时间给勤劳的人带来智慧与力量，给懒散的人只能留下一片悔恨。这句话形象地写出了成功的人，珍惜每分每秒，成就辉煌，而失败的人正因为抱着“做一天和尚敲一天钟”的思想得过且过，消磨时间，在他们眼里时间是漫长和无谓的，而当回过头之后，只能发出“少壮不努力，老大徒伤悲”的悲哀！

古往今来，多少仁人志士留下了无数句惜时的名言。“光阴似箭催人老，日月如梭趱少年”。时光有轮回，而青春不再现。真是“花有再开日，人无再少年”。时间就这样一步一步，永不返回。这正告诫青少年莫把宝贵的光阴虚掷，要珍惜时间，爱护生命，利用每分每秒，不要虚耗它。

朱自清说：洗手的时候，日子从水盆里过去；吃饭的时候，日子从饭碗里过去；默默时，便从凝然的双眼里过去。我觉得时间去的匆匆了，伸出手遮挽时，它又从遮挽的手边过去；天黑时，我躺在床上，它伶伶俐俐的从我身上跨过，从我的脚边飞去了。当我睁开眼和太阳再见，这算又溜走了一日。我掩面叹息，但新来日子的影子又开始在叹息里闪过。多少年过去了，我们仍然会有这样的感叹。那么，从今天开始，让我们暂时放下这些感叹，珍惜眼前的时光，做珍惜时间的年青一代，让我们有限的时间得以延长。

小提示

时间总是在我们身边悄悄地流过，但没有人能把它拽在手里。那么就珍惜眼前的一分一秒吧，因为只有有效地利用才能把握时间。

记住，不要让时间白白流过，那样你只能做一个失败的人。

3 祖冲之——勤奋著圆周

自古以来，勤奋就是中华民族的传统美德，无数与勤奋有关的事例成为人们称颂的对象。车胤“萤入疏囊”是勤奋；孙康“雪映窗纱”是勤奋；匡衡“凿壁偷学”是勤奋；苏秦“悬梁刺股”是勤奋，少年时的勤奋使他们最终都成就了一番伟业。那么，作为青少年从现在起就应该勤奋，为明天的成功打下基础。

一些青少年总是把很多名人的成功归在幸运上，其实无论哪个行业的人获得成功，他们都付出了刻苦和勤奋。凭借一时幸运成功的人，最终只能淹没在历史的长河中，就像如今一夜成名的歌手和影星，终是昙花一现。作为青少年，从小就应该正确树立取得成功的观念，要想取得真正意义上的成功，只能靠勤奋。

§勤奋出真知

勤奋是获得真知的途径，投机取巧只能是一时的伎俩。祖冲之刻苦勤奋，终于演算出了 π 的值是在 3.1415926 和 3.1415927 之间，比西欧国家早一千多年。

祖冲之生活在一个社会动荡的时期，当时南北朝中的宋朝很快就衰败了。祖冲之从小便开始读书，他特别喜欢研究数学，也喜欢研究天文历法，所以他经常观测太阳和其他星球的运行情况，并做了详细记录。

他勤奋好学，刻苦实践，最终皇天不负有心人，他的爱好和勤奋刻苦的精神终于使他成为我国古代杰出的数学家、天文学家。

祖冲之最有名的是他对圆周率π的计算，尽管当时社会动乱不安，可祖冲之仍然孜孜不倦地研究数学天文。他曾经对古代数学著作《九章算术》做了注释，又编写了一本《缀术》。经过他长期的艰苦研究，祖冲之将圆周率的数值推算到小数点后第七位，这就是他对圆周率的精确推算。

祖冲之在科学发明上还是个多面手：著名的指南车，千里船，水碓磨都是他的杰作。祖冲之对我国历法还有着特殊的贡献，在南北朝时的宋朝，历法已经大有进步，可祖冲之却认为这些历法仍不够精确。于是，他根据长期研究的结果，终于创制出一部新的历法，叫“大明历”。这部历法与现代科学测定的结果只相差五十秒，多精确啊！可见，祖冲之为这部历法悉心研究计算耗费了多大的心血！

勤奋造就了祖冲之。试想一下，如果没有刻苦勤奋，就不会有祖冲之对《九章算术》的注释，更不会有圆周率的推算。作为青少年应该明白，真知是靠刻苦勤奋得来的，成功没有捷径，要是有捷径的话就是比别人更勤奋。

§成功来自勤奋

中华民族是一个勤奋的民族，她推崇的人生理想，是追求有所作为；看重的立身之本，是真才实学；认定的成才之路，是发愤学习。中国人重视读书、勤奋好学，已成为世代相传的优良传统。实践也表明，在学习上并没有什么捷径，那种企图以侥幸的心理取得学习上成功的人，最终必定要付出失败的代价！

科学家说勤奋能使人聪明；文学家说，勤奋是打开文学殿堂之门的钥匙；而政治家说勤奋是实现理想的基石。作为一名青少年，刻苦勤奋就是通向成功的阶梯。

青少年应该学习那些勤奋取得成功的人物，不仅要学习他们的事迹，更要学习他们勤奋的精神，不把他们当成自己的偶像，而成为你的榜样。

成功没有捷径，勤奋是唯一的途径，只有勤奋，才能学懂、学精，才能有所作为。自古以来就有不少的名人墨客，以独到的方法刻苦成才。如拿萤

火虫做灯读书，头悬梁锥刺股，凿壁偷光，等等，真是数不甚数。如今的青少年生活在条件优越的都市里，坐在宽敞的教室里，更应该珍惜眼前的大好时光，刻苦勤奋学习，争取有一个美好的将来。

勤奋在中国可以追寻到古代，作为中国的青少年更应该发扬这良好的学习方法，更应该把这种学习方法应用到实践中去。

俗话说得好，勤能补拙，一分耕耘一分收获。那么就让勤奋来填补我们的人生吧。

生活中，收获和付出是成正比的。没有刻苦勤奋的学习，是不可能收获成功的喜悦的。但是刻苦勤奋也要讲究方法，作为青少年首先应该明白以下几点：

1. 学而时习之，不亦说乎。学习一定要注意温习，就是在学习新知识后，一定要注意及时复习，绝不能摆出觉得浪费时间，还耽误学新东西的架势。扎实学到的知识才是自己的知识。

2. 要讲究效率。有些人认为学习的时间很长就是刻苦勤奋，而注意力不集中，学习一天也没有别人一个小时掌握的知识多。因此，学习也要讲究效率。

刻苦勤奋就是通向成功的捷径。记住，任何一个人的成功与努力都是分不开的，要想成功，刻苦勤奋是站在人生顶峰的阶梯。

4 梅兰芳——苦练多载终成“角儿”

勤能补拙是良训，一分辛苦一分才，多少年多少代，一个个伟人的切身实际诠释着这一道理。任何一个成功人士的成果，都是刻苦练习的结晶。作为青少年，要想获得成功，从今天开始就应该苦练苦学，否则，等待你的只有碌碌无为的一生，最终走向失败的道路。

很多人都感叹自己天资不佳，想学音乐，感叹自己五音不全；想学弹琴，感叹自己五指不灵；想游历名山大川，感叹自己脚力不足……其实人的天资是没有多大差别的，差别就在于后天的努力。因此，不要再有太多的感叹，与其感叹，不如现在就努力。

§ 苦练京剧的梅兰芳

勤学苦练可以弥补一个人先天的不足，每个人都不是天生的表演艺术家，艺术家的形成都是苦学苦练的结果。著名的京剧大师梅兰芳先生也是苦练才有了最后的成就。

梅兰芳出生在京剧世家，在长辈的影响下，从小就喜欢看戏。八岁的时候，他开始拜师学艺。他学的是旦角。男孩子学旦角，唱、念、做、打都要模仿女性。刚学的时候，一出戏师傅教了很长时间，他还没有学会。师傅说他不行，不适合唱戏。

梅兰芳心里很不是滋味。他下决心一定要学会唱戏。他用心思考，反复练习。一段唱，别人唱几遍就不练了，他总要坚持练二三十遍。经过刻苦练习，他终于练出了圆润甜美的嗓子。

京剧表演需要的不仅仅是唱功，还有眼神与动作。梅兰芳小时候眼睛有点近视，没有神。而旦角的眼神特别重要。勤奋的梅兰芳就养了几只鸽子，每当鸽子飞起的时候，他的眼睛就紧紧盯着飞翔的鸽子。他还经常注视水中游动的鱼儿。渐渐地，他的双眼有神了。日子一长，人们都说，梅兰芳的眼睛会说话了。梅兰芳拜师时师傅说他“资质不佳”“一双呆鱼眼睛”，但梅兰芳刻苦练习，不也拥有了会说话的眼睛？

苦练多载的梅兰芳终于成了名角，成了一代京剧大师。当他站在舞台上的时候，谁会想到这是一个被老师称之为天资不佳的学生？从梅兰芳的成功上，我们不难看到，天资并非是决定一个人成功的关键，后天的勤学苦练才造就了一代名家。作为青少年，处在精力最充沛的时候，从今天开始就勤学苦练，方是成才之道。

§成功来自刻苦

人不能只依靠天分成功。天分是人的自然禀赋，而刻苦能将天分变为天才。即使是天才，没有后天的刻苦也只能成为庸才。宋朝的方仲永就是这样的一个例子。

“勤能补拙是良训，一分辛苦一分才。”伟大的成功和辛勤的劳动是成正比的，有一分劳动就有一分收获，日积月累，积少成多，奇迹就可以创造出来。这是曾国藩给我们的启示。

通过梅兰芳苦练成才的例子，可以更加清楚地理解到，成功来自刻苦努力，而非天赋。作为青少年，应该清楚地明白这个道理，并且要在以后的生活中，用刻苦来浇灌人生的道路，定能走上通往成功的大道。

“书山有路勤为径，学海无涯苦作舟”，“不经一番风雪苦，哪得梅花扑鼻香”……古人用自己成功的经验来教导我们。没有刻苦学习，是不可能走向成功大道的。

生活中，在挫折面前，你还在感叹自己的天资不好吗？如果是，那么马上放下这些感叹吧，因为无论你怎么感叹都是徒劳无获的，倒不如从现在开始就刻苦努力。如果你想成为一名画家，就赶快拿起你手中的画笔；如果你想成为一名数学家，就不要停下你手中演算的笔；如果你想成为一个舞蹈家，就不要停下你的舞步……众多的梦想都要从现在开始努力！

人心有多大，就能飞多远，刻苦有几分，就能收获几分。记住，为了成功，不要忽视刻苦，否则，只能走向失败。

5 邓亚萍——永不服输成冠军

面对生活中的艰难险阻，成功需要什么？成功需要不屈不挠的精神和永不服输的信念。面对挫折和困难，知难而退的人永远做不了社会的弄潮儿，迎难而上，他推我进的人才能站在成功的巅峰。作为青少年，要想取得成功，就要有不屈不挠的精神和永不服输的态度，否则，只能成为成功的望洋兴叹者。

好事多磨，自古英雄多磨难。英雄之所以为英雄，大多经过逆境的种种磨难。他们面对逆境，不怨天尤人，不哀叹哭泣；咬紧牙关，奋力抗争，以不屈不挠的斗争精神，战胜逆境，成为胜利者。每一个青少年心中都有一个英雄梦，想成为一名英雄，就要有面对磨难的勇气，就要有奋力抗争、不屈不挠的斗争精神。

§ 永不服输的邓亚萍

成功靠什么？是学历、文凭、高分？优越的家庭背景？先天的自然条件？还是不屈不挠的奋斗精神？邓亚萍从运动员到清华学子、再到剑桥博士，她用自己的事迹诠释着这一答案。

邓亚萍从小跟随父亲打球，对球有种特殊的感情，但她身高只有1.50m，被认为是不可造之材，曾数次被拒于省队、国家队大门外。但是，她明白只要自己不向困难低头，一定能够成功，她能够做的只有比别人打得更快些，跑得比别人更多些。终于，她跑过了她同时代的所有对手。她用她更快的球速、更快的移动步伐和“我就是要征服你”的气势，赢得了她想要赢得的所有比赛。她的球员生涯所处的时代，通常被称作“邓亚萍时代”。

退役后的邓亚萍并没有向命运低头，而是为自己的成功找到一条道路。退役后，她先后到清华大学、英国诺丁汉大学和剑桥大学学习，并

攻读了剑桥的博士学位。目前担任国际奥委会运动员委员会委员、中国奥委会执委等职。她与生俱来的不服输劲头，回答了长久以来困扰我们的一个问题：竞技运动员的退役问题，并为之提供了榜样。她在赛场之外的精彩人生刚刚开始。尽管人们很难把后来求学于数个名牌学府、在各种重要场合用流畅英文著言立说的那个温文尔雅的她和赛场上的她联系在一起，但是谁又能否定她的成功呢？

邓亚萍的成功与她那种永不服输、敢于超越自我的精神是密不可分的！她说："干任何事，我们都追求结果，但是，我们更应该看重过程。成功的结果中往往隐含着辛酸的付出与失败的历练。而失败的教训更让人刻骨铭心，奋发图强。"她还说："我不比别人聪明，但我能管住自己。我一旦设定了目标，绝不轻易放弃。"这就是邓亚萍成功的所在。作为青少年，也许你没有美丽的外貌，也许你没有优越的家庭背景，那就让你用不屈不挠的精神来武装自己吧，做一个学业和事业成功的人。

§成功源于永不服输

邓亚萍没有苗条的身材，没有出众的外貌，可是当她用不屈不挠的精神，用越来越多的智慧来武装自己的时候，那种独特的气质之美，就从骨子里强烈地散发出来，因为她是一个成功者。

中华民族自古以来就是一个不屈不挠，永不服输的民族，正因为这样，中华五千年的文明才得以传播和发扬，涌现一大批可歌可泣的故事。

忍辱负重的司马迁终于写成了《史记》。古今中外，多少人凭借着一种无形的力量来取得成功，这种无形的力量就是不屈不挠，永不服输的精神。作为新世纪的青少年，肩负着将来建设祖国的重任，必定会面对许多挫折和困难，我们要用不屈不挠的精神来面对即将发生的一切，克服困难，去创造未来，开创一个新的历史时代。

邓亚萍用自己的人生诠释着不屈不挠的民族精神的含义，作为新时代的青少年，一定能够吸取邓亚萍成功的精华，做一个为了美好的明天而不屈不挠奋斗的人。

小提示

我长得不帅，不能怪父母，更不能怪自己，所以不用为此烦恼；我的学习成绩没有另一个人好，我没有走进名牌大学，但这些都不要紧，因为我已经竭尽全力了。要紧的是在我经历了无数的失败与苦恼之后，我还能站起来，大声说，我无愧于天地，对得起父母的养育，为所犯的错误承担得起责任，当然我还拥有一股不服输的勇气，这正是我生存的需要。

作为青少年，重要的不是我失败了多少，而是在我失败的时候我拥有多少不服输的勇气。记住，不服输是成功力量的所在，是一个人前进的动力，不服输让一个人失败的时候不倒下，而是勇敢地面对所发生的一切，继续为了未来而奋斗。

6 常香玉——戏大如天永不悔

人有了理想就有生活的目标，但是没有付出努力的目标只能是空想。所以，有了生活目标，还要有执着的追求。但凡在一个领域能够做出重大贡献的人，都有着执着追求的历程。因此，一人要想取得成功，还需要对目标执着地追求。如果在实现目标的过程中，面对困难和挫折，不思进取，朝令夕改，只能走向失败。

一个人的精力是有限的，一个人的成功也只是在一个领域内的成功，这大概就是社会的分工吧。也大概因为如此，李白才不会是科学家，他只能成为一个诗人；冰心不会成为医生，而是一个实实在在的作家。但是他们都是某一领域的佼佼者，因为他们在自己所在的领域有着执着的追求。因此，作为青少年，要想成功就不能对理想的追求三心二意，要有执着追求的精神。

§执着追求的艺术梦

成功来自什么?不仅仅是一个决心，一个拥有的梦想。人在少年时代都有着美好的梦想，可是最终成功的人却寥寥无几。一个最重要的原因就是没有执着地追求下去。如果一个人有了执着的追求，大都会做出不同凡响的成绩。常香玉一生对豫剧艺术的追求，成就其辉煌的一生。

常香玉是豫剧表演艺术家，原名张妙玲，9岁随父张福仙学戏，后拜翟彦身、周海水为师，并随义父姓，改名为常香玉。玉者，高雅纯洁，坚固之意，姓、名意义相联系，表现了她对艺术的执着追求，要艺术之花常香不败；为人处世，要有坚定的原则性，心灵纯洁，坚贞如玉。

她学过小生、须生、武丑，后专演旦角，13岁主演六部《西厢》，名满开封。她对豫剧有着情有独钟的感情，她的执着不仅表现在她对豫剧的继承上，还表现在她对豫剧的开拓上。她在艺术上广泛吸收京剧、评剧、秦腔、河南曲剧以及坠子、大鼓等艺术之长，同时把风格不同的各种豫剧唱腔——豫东调、祥符调、沙河调等，融会于豫西调中，独创新腔，成为豫剧中的一支主要流派，被誉为“豫剧皇后”。她开创了常派艺术，“常派”唱腔字正腔圆，运气酣畅，韵味淳厚，格调新颖，以声绘情、以情带声，多彩多姿，雅俗共赏；表演刚健清新、细腻大方，内涵深邃、性格鲜明，在表达人物内在的思想感情上，细致入微，一人一貌，栩栩如生。代表作有《花木兰》《拷红》《断桥》《大祭桩》《人欢马叫》《红灯记》等。如今常派弟子遍地开花，证明了这一艺术顽强的生命力。

常香玉凭着对豫剧的热爱，凭着对豫剧艺术执着地追求，成就了自己完美的一生。也向世人证明了无论哪行哪业，只要你真诚地付出，执着的追求，就能取得成功。作为青少年，也许你会觉得理想是那么遥远，但是只要你有执着追求的精神，每经历一天，你就会离理想更进一步。

§ 执着追求，梦想成真

当一个人有了远大的理想时，不要惧怕理想实现不了，要去执着地追求，让梦想成真。

执着地追求成就了常香玉，作为青少年，应该懂得这个道理，想着自己的人生目标，不能半途而废，执着地追求才能成功。

一个人总需要有自己的梦想，因为有梦想才会有追求，有梦想才会有发展。有了梦想还要有执着的追求，因为成功属于敢于梦想，执着追求自己梦想的人。

宁可因梦想而忙碌，不要因忙碌而失去梦想，梦想是人生的目标，执着追求是实现梦想的途径。从来也不去梦想的人，生活必定平淡庸俗。而有了梦想不去追求的人注定失败。

执着地追求，你才能一步一步走向自己的梦想。正如英国盲人教育大臣戴维所说："只要有梦想且不断地追寻，你就能够梦想成真。"

7 高尔基——自学成才的文学大家

随着社会的发展，终身学习的制度已经渐渐建立起来，学习的任务不只是存在于学校的阶段。一个人要想在社会上有长久的立足之地，就需要终身学习。这就要求我们培养自己的自学能力。自学是一个人获取知识最主要的途径，也是走向成功的必备条件。

在现代这个教育发达的社会里，让一个人自学成才简直是不可能的，也没有这个必要。其实不然，在这个激烈竞争的社会里，每个人都应该有自学的能力，因为人的一生不能一直在学校度过。那么，作为青

少年，应该在学校的时候就开始培养自学能力。

§自学成才的大家

对于青少年来说，学校是最主要的学习场所，也是获取知识最主要的地方，在那里有老师的指导，有同学的帮助，学习显得轻松自如。其实，在学校里，获取的不仅仅是知识，更重要的掌握学习的方法，以及培养自学的能力。俗话说“师傅领进门，修行靠个人”。我们不妨从历来自学成才的人身上吸取精华。作为我们的榜样，高尔基就是自学成才的大家。

高尔基出生在下诺夫戈洛德城的一个木工家庭。4岁丧父，11岁起独立谋生，当过学徒、搬运工和面包师。早年生活艰辛，他在社会底层饱尝人间的苦难。只上过2年学，但他凭着自己对生活的体验，如饥似渴地自学着，最终成了一代大家。

19世纪90年代，高尔基走上创作道路。浪漫主义作品在高尔基早期创作中占有重要地位，最有代表性的是《伊则吉尔老婆子》和《鹰之歌》。这些作品格调高昂，并具有浓郁的诗情和深刻的哲理。早期创作的现实主义短篇中以写流浪汉的作品最为出色，如《切尔卡什》等。高尔基的创作从来没有停止过，《福马·高尔杰耶夫》《三人》、散文诗《海燕》《小市民》《底层》《母亲》等等，作品一部接一部地发表。在1905年革命失败后，高尔基被迫侨居意大利卡普里岛。在此期间，他的创作也没有停止，直至自己一生终结。

高尔基的成就是值得肯定的，他的成功不是来自他接受了很好的教育，而是自学成才的结果。高尔基在自学的过程中，最大的收获莫过于通过自学自己找到学习的途径。他没有因为自己没有良好的教育条件而悲哀。作为青少年，要明白老师不可能一辈子都向你传授知识，这样的学校生活只是生命的一个阶段，在学校学会自学的方法，会是终身受益的一件事情。

§ 学会自学是成才的一条道路

每个人的理想都是能够成才，而成才有两条基本的道路，一是通过学校教育成才，二是通过刻苦钻研，自学成才。每个人都要学会自学，因为它是一个人获取知识的重要途径。凡是懂得自学的人大凡都是成功的人。

自学成才是可能的，却也是艰苦的。高尔基在早年的自学中也付出了艰辛的努力。我们现在每个人都有接受学校教育的权利，完全走他们自学成才的道路不是人人都能做到的。但是我们需要他们自学成才的精神，学会自学的方法。

自学必须有坚定的决心，坚强的毅力，明确的目标，正确的方法，超人的勤奋与强有力的自我控制力。华罗庚初中毕业后就去当学徒，但他坚持自学，25 岁便成了世界著名的数学家。英国前首相丘吉尔少年时学习成绩不好，后来在实践中深感知识浅薄，便时时以“我曾是一名劣等生”鞭策自己……他们成功的一生，也是因为他们付出了艰辛的努力。

小提示

如果你已经离开了学校，想要自学成才，还要做到以下几点：

1. 立志成才，要“立常志”，坚定自己的志向，而不是“常立志”，一天一个想法，哪一个都实现不了；

2. 要向着目标努力，在机会到来之前做好准备，因为机遇只垂青于那些有准备的人；

3. 要有机遇，. 机遇可以等待，也可以寻找。只要努力，坚持，自学成才的道路一样也可以成功。

8 贝多芬——扼住命运的喉咙

人生活在一个偌大的社会中，目睹现实社会的物欲横流，面对着各种压力与考验，面对着莫大的竞争与责任，难免会感慨、会无奈、会黯然。在重重压力下，不堪忍受或未能适应者必然会向命运低头、屈服。那么要做一个社会的强者，就要敢于与命运抗争。作为新世纪的青少年更应该敢于同命运抗争。

面对命运，犹太人说，“人们一思索，上帝就发笑。”可尼采说，“上帝死了。”可谓仁者见仁，智者见智。那么面对命运，作为青少年，该如何应对呢？

§ 扼住命运喉咙的贝多芬

命运不断地敲响每个人的门环，当命运敲门的时候，是开门迎接呢，还是闭门谢客？这是个很难回答的命题——如果不相信命运，那根本就听不到敲门声；如果相信命运，开门或闭门的结局都是一样的。其实每个人应该是一个不完全相信命运的人，相信命运的存在，但更相信自己的双手，相信自己能“扼住命运的咽喉，把它捏碎”。贝多芬的一生就是善于扼住命运咽喉的一生。

路德维希·凡·贝多芬，1770 年 12 月 16 日诞生于莱茵河畔的小城市波恩。贝多芬是一个典型的神童音乐家，但是他的命运是那么坎坷。由于他在音乐上的早慧，12 岁时就被人拿来同名垂青史的音乐神童莫扎特相提并论。但他的父亲急切地想利用这一点来赚取名利，逼迫小贝多芬整天练琴和演出，稍不如意就毒打他。

1787 年，贝多芬到达音乐之都维也纳，并拜见了莫扎特。当时 17 岁的贝多芬默默无闻，而莫扎特早已名满欧洲。由于他相貌一般，连莫扎特也看走了眼，对这个年轻人并没有太大的兴趣。他给了一段音乐让贝多芬用钢琴即兴发挥，自己却到隔壁屋子和别人聊天，直到被贝多芬富有无穷创造力的琴声打动才如梦初醒，莫扎特说："注意这个年轻人！……有朝一日，他会震惊世界！"

就在贝多芬一心准备投身音乐大干一场时，命运向他露出了更加狰狞的面孔。从1796年开始，贝多芬就发现自己的听力急剧下降。对于一位风华正茂，踌躇满志的钢琴家和音乐家来说，听力的衰退就如同世界末日的来临。但贝多芬进行了顽强的抗争，并说出了那句传诵千古的名言："我要扼住命运的咽喉，它决不能使我屈服。"

著名的钢琴奏鸣曲《月光》是贝多芬献给当时他爱恋的姑娘朱丽叶塔的礼物，然而幼稚风流的朱丽叶塔辜负了贝多芬的一番情意，后来竟与一位男爵订了婚。耳聋的治愈日渐渺茫，又痛失心仪已久的恋人，这双重的打击使顽强的贝多芬支持不住了。不过他很快还是重新振作了起来，他那坚强的个性不可能屈服于命运的摆布。在他的遗嘱中，贝多芬说道："是艺术，就只是艺术留住了我。啊！在我尚未感到把我的使命全部完成之前，我觉得我是不能离开这个世界的。"

贝多芬的命运是不济的，真可谓命运多舛。清贫的家庭，粗暴愚蠢的父亲，粗陋的外表，即使成年后也不过1.58米的矮小身材，急剧下降的听力，爱人的背叛……面对这一切，贝多芬选择了要掌握命运，要扼住命运的咽喉，终于成了闻名世界的伟人音乐家。

§ 挑战命运，做生活的强者

命运无法选择，但是命运可以改变。打开命运之门的钥匙，便是一种不怕困难、不怕失败、敢于向命运挑战的精神。贝多芬做到了，于是他成了伟大的音乐家；霍金做到了，于是他成了伟大的科学家。

我们现在仍然记得，一次春节联欢晚会《千手观音》节目中的演员，他们都是生活在无声的世界里，失去了"聆听"的能力。但他们却做出了惊人的创举——表演了美轮美奂的《千手观音》！这无疑也是他们与命运抗争的结果。他们协调，富有动感，吸引着每一位观众。但是他们无法听到音乐节拍，不能与人交谈，不能聆听和谐美妙的声音。这本是很空虚，很痛苦，而他们并没有放弃人生，他们与命运之神奋力战斗着，

取得了常人也没有的成绩。

命运是什么，是生死，是贫富，是人的一切遭遇。有人认为，命运天注定，人们所有的成功、失败早已在冥冥中注定了，任何人都无法改变。其实注定只不过是一种虚无罢了。一个志向远大的人，会将命运真正掌握在自、己手中，由自己生出和命运抗争的力量，而不是一味地去妄想那些失败带给自己的痛苦会自动消失。

事实上，挑战命运并不困难，困难的是没有勇气去面对它。“有志者事竟成”，说的是大凡心存大志的人都能支配命运，而不被命运所管束，从而完成自己的事业。那么，让我们做一个敢于和命运抗争的人吧，面对不幸的命运，不要悲观消极，举起锋利的剑和它斗到底，告诉命运：“你是如此软弱，在我们强者的面前，你永远也抬不起头！”

小提示

“把握生命的每一分钟，全力以赴我们心中的梦，不经历风雨，怎么见彩虹，没有人能随随便便成功……”当这熟悉的歌声回荡在耳边时，让我们扬起自强的风帆，与命运抗争，做一个自强成功的人。

作为青少年，更应该勇于面对困难，不能被小小的挫败打倒。像贝多芬、霍金他们一样，遇到困难不软弱，遇到失败不退缩，那么我们就能够一步一步地走向成功。

第七章

学无止境，用知识充实自强人生

在当今飞速发展的社会里，如果想使自己有主足之地，获得成功，最好的途径就是不断学习，掌握知识，用知识来武装自己。中学时期是学习 知识的大好时光，青少年切不可虚度这有限的时间，而应好好利用，不断学习更多的知识，为自己的将来打好基础。

1 拥有知识，拥有自强人生

自强不息是我国人民的传统美德，在毛泽东“独立自主，自力更生”号召的鼓励下，中国人民取得了社会主义建设的伟大胜利。在发展社会主义市场经济的今天，青少年也必须发扬自强的美德，去适应日趋激烈的竞争。

§ 自立自强

作为青少年，现在最主要的任务就是学习知识，只有不断地学习知识，才能让自己拥有自强人生。自强需要青少年不断要求自己，提高自己，这样才能把命运掌握在自己手里。

“我最大的梦想是拿到一块北京残奥会的金牌。”说这话时，中国残奥代表团女子游泳运动员、北京联合大学特殊教育学院2007级本科生谢青脸上带着坚定而自信的微笑。

谢青身体瘦弱却透着秀气。她开朗而乐观，让人无法相信，这是一个生活在黑暗世界的女孩。但就是这个从未见过色彩的女孩，却用汗水与泪水在游泳池里编织出了属于自己的七彩世界。在去年的全国残疾人第七届运动会上，谢青在女子S11级50米自由泳、100米自由泳等5项比赛中一人独得5枚金牌和1枚银牌，打破3项全国纪录和1项世界纪录。

能取得这样的成绩，用谢青自己的话说，是因为她把一辈子的苦都吃了。谢青先天视网膜萎缩，出生时视力还有些光感，但随着年龄的增长，光感越来越弱，直至完全失明。但命运的磨难并没有打垮这个坚强的女孩。9岁时，一个偶然的机会，谢青接触到了水，并对这个从来没有用眼睛看到过的神奇物体产生了感情。从此，她的梦想在水中生根发芽。

“在训练中，她非常刻苦。”这是教练对谢青的评价。2005年8月到10月，由于视力从S12级半盲变成S11级全盲，使这期间的训练成为谢青最艰难的一段。训练中她不停地撞到水线和池壁，连到终点撞线都要教练提示。腿碰青了，头撞破了，甚至泳帽都不知划破多少个。但她从没有想过放弃训练，她坚信，坚持就是胜利。

训练时坚持不懈的她，在学习上的超人毅力也同样让人惊叹不已。每次训练后，她都坚持回学校上晚自习，找老师补习落下的功课，有时胳膊酸疼得拿不住课本，就用手支着。终于，她考进了北京联合大学，2007年还获得了校长特别奖。

为了实现自己的最大梦想，谢青训练得更刻苦了。因为她深知，每一枚金牌的获得都是由自己辛勤的汗水浇灌而成的，在训练中每多划一次水，就离金牌更近一步。2008年她参加了残奥会，并获得一枚北京残奥会金牌。

由此可见，自强要求青少年不断地学习知识，要用知识来填充自己，相信自己的力量。拥有知识的人才能自主，才不会总是抱怨。不懂得用知识来武装自己的人，总是依附于别人的人，往往是缺乏知识的人，缺乏知识就不会拥有自强。知识就是力量，青少年会因为没有用知识来充实自己而自我萎缩，青少年也会因拥有知识而自立自强。怀有知识的人，才会坚持自主意识，坚持对自身潜力的开发。自强依赖知识的支持，知识是自强的必备要素。

§拥有知识，才能自强不息

自强规范必然要求青少年学习知识，并学会自勉。自己勉励自己，自己鼓舞自己，自己激励自己，也就是自己激发自己的积极性，自己做自己的动力源，自己开动自己，自我发动。拥有知识的人生，乐观的人生态度，积极的开拓行动，昂扬奋发向上的精神，才是“自强不息”的真正含义。青少年应该不悲观，不颓废，不自弃，调动自己的活动能量，去进行人生的创造。

自强规范要求青少年学习知识，从而学会自责，自责就是自我责备，勇于承担责任。在学习和生活中，有成有败，有得有失，有荣有辱，有幸有不幸。自强规范要求青少年把成败、得失、荣辱、幸与不幸归因于己，不怨天尤人，从自身方面找原因。其实这样的道理对于青少年来说，人人都懂。虽然人人懂得，已经成为常识，但是在具体到个人际遇的问题上，特别是遇到不称心、不如意的境况时，有的青少年就会怨老师，怨同学，怨客观条件，把个人的挫折归因于客观环境，或者由怨而恨，徒生猜忌；或者由怨恨转为消沉，自暴自弃，破罐子破摔，自甘堕落，从而自毁前程。

对于青少年来说，要不断地学习知识，在学习中不断充实自己，在困难和挫折面前不要怨天尤人。自强的人，必是不断地用知识来充实自己的人，他们通过学习知识来提高自己的意志，提高自身的素质，让自己自立自强，永立不败之地。

2 珍惜时间，不可虚度

《今日诗》中说：今日复今日，今日何其少！今日又不为，此事何时了！人生百年几今日，今日不为真可惜！若言姑待明朝至，明朝又有明朝事。为君聊赋《今日诗》，努力请从今日始。因此，对于青少年来说，珍惜时间就是珍惜生命。光阴似箭，不可虚度。

§ 珍惜时间

珍惜时间，就是珍惜生命。每一个人的生命是有限的，属于一个人的时间也是有限的。若一个人的生命到了人生的末路，那么他生活的时间也就结束了。可见人生短暂，只有珍惜时间，才能拥有无悔人生。

古往今来，有多少人都在叹息“时间之快，人生行乐须及时”，“黄河之水天上来，奔流到海不复回……”时间的流速令人难以估测，无法形容。那么，青少年要想让自己的人生更有意义，就应该珍惜属于自己短暂的时间。古人有诗云：“三更灯火五更鸡，正是男儿读书时。黑发不知勤学早，白首方悔读书迟。”“少壮不努力，老大徒伤悲”等等，都是告诫我们：人生有限，必须惜时如金，切莫把宝贵的光阴虚掷，而要趁青春年少时期多学一点，多做几番事业。

鲁迅成功的秘诀，就是珍惜时间。鲁迅12岁在绍兴城读私塾的时候，父亲正患着重病，两个弟弟年纪尚幼。鲁迅不仅经常上当铺，跑药店，还得帮助母亲做家务。为了不影响自己学业，他必须作好精确的时间安排。

鲁迅学习的时间都是挤出来的。他说过：“时间，就像海绵里的水，只要你挤，总是有的。”鲁迅读书的兴趣十分广泛，又喜欢写作，他对于民间艺术，特别是绘画也很感兴趣。正因为他广泛涉猎，多方面学习，所以时间对他来说，实在非常重要。鲁迅一生多病，工作条件和生活环境都不好，因此，他每天都要工作到深夜才肯罢休。

在鲁迅看来，时间就如同自己的生命一样宝贵。他说过：“美国人说，时间就是金钱。但我想：时间就是性命。倘若无端的空耗别人的时间，其实是无异于谋财害命的。”因此，他最讨厌那些“成天东家跑跑，西家坐坐，说长道短”的人。在他忙于工作的时候，如果有人来找他聊天或闲扯，即使是很要好的朋友，他也会毫不客气地对人家说：“唉，你又来了，就没有别的事好做吗？”但是，有一种情况例外：对于那些登门求教的青年，无论是什么时候来访，他总是热情接待。有时候甚至促膝交谈几个钟头，也毫无怨言。

鲁迅的事例告诉我们：一个人要想在有生之年做点贡献，就必须爱惜时间。珍惜时间，就是爱护自己的生命。“时间如流水，稍纵即逝；生命像激光，一晃而过”。巴甫洛夫谈道：“一个人即使是有两次生命，这对于我们来说也是不够的。”这些都提示着我们青少年应珍惜时间。

§ 放弃时间，时间也会放弃他

莎士比亚说：“放弃时间的人，时间也会放弃他。”“时间会冲破人的华丽精致，它会把平行线刻上美人的额角；它会吃掉稀世之珍，天生丽质，什么都逃不过它横扫的镰刀。”这就告诉我们，要想以后取得成就，青少年必须要珍惜每分每秒，不可虚度。

意大利杰出的画家达·芬奇说：“勤劳一日，可得一夜安眠；勤劳一生，可得幸福长眠。”列夫·托尔斯泰的格言这样说，“你没有有效地使用而放过的那点时间，是永远不能返回的”。还有人问过达尔文：“你怎么一生能做出那么多的事呢？”他回答说：“我从来不认为半小时是微不足道的一小段时间。”这样一些名言、格言、话语深切地告诉我们青少年：有作为、有成就的人，都是因为珍惜时间才得到理想的结果。

可是，对于青少年来说，还有一部分人不能吸取前人惜时的教训，不懂得珍惜时间。他们总是把今天所要干的事放到明天去干，明明在蹉跎岁月，却一点也不感到因虚度年华而悔恨，也不为碌碌无为而羞愧。或勾引他人，到处“流浪”，浪费别人的时间，他们不懂得“耽误别人的时间等于谋财害命”的道理。或是白天疯玩，晚上开始学习，这种做法并不是珍惜时间，反而因此而影响了自己的身心健康。

在青少年成长的大道上，有两座大山“太行”和“王屋”——困难和愚昧，要搬掉这两座山，就应该加快时间的步伐，要抓住“时间”这匹烈驹的缰绳，并把姗姗迟来的“未来”扶上马背，让它插上翅膀，四蹄生风，来到我们的脚下。要相信，未来姗姗迟来，现在箭一般地飞逝，过去的永远静立不动。“一寸光阴一寸金，寸金难买寸光阴”，时间对于每个人来说都是平等的，它不因你是勤奋者而多给，也不因你是懒惰者而少给。但是在这有限的时间内，因为我们有不同的思想，所以可以创造不同的结果。

青少年，我们要比那些古人更有理想，我们要珍惜时间，努力学习科学文化知识，要为四个现代化献出火红的青春，那就应更加珍惜时间，因为珍惜时间就是珍惜生命，能让自己拥有自强人生。

俗话说："少壮不努力，老大徒伤悲。"曾经有这样一个神话故事：有一个青少年，他每天放学回来，总看见有个人从他的花园中扛着一个箱子，装上卡车运走。他觉得很奇怪，便去问陌生人这些箱子有何用。陌生人告诉他这些箱子是他虚度时光的证据。他也顺手拉开了许多箱子，里面装的都是他平时玩耍作乐的场面。他向陌生人请求要回这些箱子，但陌生人挥挥手，意思是说太迟了，然后和箱子一起消失了。从中我们可以领悟到，岁月不留情，青少年必须珍惜时间，不虚度光阴，为自己的人生选择正确的道路。

3 知之、好之与乐之

孔子曰：知之者不如好之者，好之者不如乐之者。子曰：学而不思则罔，思而不学则殆。子曰：众恶之，必察焉；众好之，必察焉。子曰：学而时习之，不亦说乎。子曰：温故而知新，可以为师矣。子曰：诗，可以兴，可以观，可以群，可以怨。

在青少年的学习当中，"知之"，好比知道学习的作用；"好之"，好比喜欢学习，乃至手不释卷。"乐之"，则正如东晋陶渊明在《五柳先生传》中所描绘的"好学习，不求甚解；每有会意，便欣然忘食"的"学习乐"境界。这三者的关系好像一个系列工程，一环扣一环，循序渐进。又如一株树，"知之"是根，"好之"：是干，"乐之"是树上的果子。不可或缺，不能颠倒。

§乐之者，不亦乐乎？

"知之者不如好之者，好之者不如乐之者"，孔子这句话为青少年

揭示了一个怎样才能取得好的学习效果的秘密，那就是对学习的热爱。不同的人在同样的学习环境下学习的效果不一样，自身的素质固然是一个方面，更加重要的还在于学习者对学习内容的态度或感觉。正所谓“兴趣是最好的老师”，当青少年对学习产生兴趣以后，自然会学得更好。

孔子一直活到了72岁，57年的游历使他仁德兼备，学问渊博，成为冠绝一时的大学问家、大思想家，可谓震古烁今。以如此身份，当他的高足问他时，他的回答竟然是“朝闻道，夕死可矣”，多么令人不可思议！为了学习，可以三个月不知肉味，这足见孔子的勤奋。可如果仅仅是勤奋，恐怕孔子就不会如此得到世人的尊敬了。他的好学表现在方方面面：三人行必有我师焉，这是谦虚；我不如老农，我不如老圃，这是实事求是；学而时习之，不亦说乎？这是一种乐观的态度。

孔子的这种学习精神，不仅限我们常人的思维：这个是学问，孔子会以最博大的胸怀，去接纳包容世间万物，这就是我们所不及的。有人问：“孔子作为一名有足够的资本炫耀自己的大学问家，还有必要孜孜不倦地把有限的生命投入到无限的学习探索中去吗？”答案是肯定的。这就是孔子的学习；这就是圣人的学习；这就是孔子的学习精神。对于青少年来说，要多读书，多思考，并结合实际生活，只有这样才能给自己带来丰富的物质生活。

§“知之、好之、乐之”与读书

“知道”偏重于理性，对象外在于己，你是你，我是我，往往失之交臂，不能把握自如。所以，当需要身体力行进行实践的时候，往往难以做到。比如说人人都“知道”锻炼身体很有好处，很有必要，但要坚持天天早上起来锻炼身体，就很少有人能做到了。

“喜欢”可触及情感，产生兴趣。就像一位熟识的友人，又如他乡遇故知，油然而生亲切之感，但依然是外在于我，相交虽融融，物我两相知。比如说我们青少年都会说自己“喜好”看书，这是确实的，但“喜好”的程度有所不同，大多数青少年是“好读书，不求甚解”，这本浏览浏览，那本翻阅翻阅，觉得有些累了，扔在一边，明天再读。这就是

“好之者”，甚于“知之者”，但还没有进入“乐之者”的境界。

“乐在其中”就是“乐学者”的境界。这种境界有一个最恰如其分的词语来形容，就是“陶醉”。陶醉于其中，以它为赏心乐事，就像亲密爱人一样，达到物我两忘，合二而一的境界。比如颜回，住在贫民窟里，用竹篮子打饭，用瓜瓢舀水喝，人们都忍受不了那种贫困，而颜回自己却乐在其中。又比如《雍也》中的孔子，发愤起来就忘记了吃饭，高兴起来就忘掉了忧愁，甚至连自己快要老了也不知道。用当今青少年比较时髦的话来说，这就叫作“太投入了”！

很可惜，现在“投入”学习，“投入”修养自己的青少年太少了，而多半“太投入了”的，是在电脑桌上玩游戏，坐在那里居心叵测，那可真是达到了“乐之者”的境界啊！青少年要学习古人的学习精神，做到“知之、好之、乐之”的境界。

孔子曰：知之为知之，不知为不知，是知也。子曰：盖有不知而作者，我无是也。子曰：多闻，择其善者而从之；多见而识之。子曰：学如不及，犹恐失之。子曰：敏而好学，不耻下问。子曰：以能问于不能，以多问于寡；有若无。子曰：实若虚，犯而不校。子曰：兴于诗，立于礼，成于乐。子曰：志于道，据于德，依于仁，游于艺。子曰：不愤不启，不悱不发。子曰：举一隅不以三隅反，则不复也。青少年要学习孔子的精神，不断约束自己，达到因学习而快乐的忘我境界。

4 学习文化，更有修养

人的修养一就是要进行自我教育、自我改造。这种教育和改造离不开学习，离不开个人的主观努力。修养是指青少年在道德、知识以至技艺等方面进行勤奋学习和涵养锻炼的功夫，以及经过长期努力达到的一种能力或思想品质。

修养指的是一个人的气质、品质、道德和对生命的领悟，经过一定的锻炼和培养达到的水平。一个有修养的人，不仅有志气，而且有拼搏的精神；不仅热爱学习，还热爱生活而积极上进；不仅有着高尚的道德和情趣，丰富的阅历，还有着百折不挠的意志和奋斗开拓的精神。有修养的人，一定是有爱心且知识渊博的人，一定是爱学习，善于理论联系实际，从而使自己的修养不断得到加强和提高的人。青少年只有不断学习知识，才能让自己更有修养。

§ 增加道德修养

修养包括道德修养，身不修则德不立。因此青少年不可以不修身，道德修养就需要青少年接受不同的教育，来提高自己的修养。自天子以至于庶人，皆以修身为本，正心以为本，修身以为基，君子之修身也，内正其身，外正其容。

如果说人生是一棵大树，才能是树上的果实，功业是枝干花叶，那么道德修养就是它的根本。若要使你的人生枝繁叶茂，花香果硕，你就应加强道德修养。加强道德修养，青少年要从现在做起，从自己身边做起，从点滴做起。

于谦是我国明代杰出的军事家和政治家。他19岁时写《石灰吟》：“千锤万凿出深山，烈火焚烧若等闲。粉身碎骨浑不怕，要留清白在人间。”写诗明志，激励自己。在数十年的为官生涯中，他蔑视荣华富贵，珍视道德修养。于谦巡抚河南、山西达19年。当时封疆大吏进京述职，多要向朝中权贵有所馈赠，而于谦每次进京，都是“空囊以入”。好心人劝他：“虽不愿送金银珠宝攀附权贵，至少总要带点土特产线香、蘑菇、绢帕之类的东西才好。”于谦哈哈大笑，举起双袖说：“我带有两袖清风！”并就此作诗一首：“手帕蘑菇和线香，本资民用反为殃。清风两袖朝天去，免得闾阎话短长。”可以说于谦是“一生清白，两袖清风”。

可见，拥有良好修养的人，不管到哪儿，做任何事情，都让人敬

佩。良好的修养乃是青少年在其精神体系中存放的道德资本，这个资本不断地增值，而青少年在其整个一生中就享受着它的利息，播种一个思想，我们会收获一个行动；播种一个习惯，我们会收获一个道德。青少年要注意对自己道德的培养，提高自己的内在修养和素质。

§如何提高自己的修养

说到修养，培根曾在《论美》中指出："形体之美胜于容颜之美，而气质之美是最高境界的美。人的这种气质跟一个人的修养是分不开的。"所以，古人特别讲究修身，觉得修身是一切成功的基点。但是，在青少年看来，却常常被忽视，他们往往更注重外表之美。

对于青少年来说，修养要从日常生活的一点一滴做起，从零做起，从小事做起。一件小事就可看出一个人的修养。我们常常看到有人在公共场所大声喧哗，随意制造噪声；有些人还乱扔垃圾，随地吐痰，不冲大小便；有的人损害了别人的利益，自己却还不知，这都是缺少修养的表现。

一个人的精神灵魂永远都是他的修养，人们常说："肉体逝去，而精神永存。"青少年不要再妄想驻足于花园，因为没有不败的花；不要再沉溺于现实的享乐，因为没有用不完的财富；不要梦想长生不死，因为没有精神的支撑，那只是一具行尸走肉的皮囊。消逝的是有形的生命，永不消逝的是历史文明残留下来的精神力量，它经常昭示着历史的力量，生命的价值。

作为青少年，肯定听过这样的评价：这个人的修养真好，和他交往是一件快乐的事；或者也有人说：这个人的修养真差劲，太粗俗了。修养常常与个人的文化水平有关，有文化气息的人，在谈吐举止之间，自然地流露出一种高雅，一种文质彬彬的感觉。古人形容一个世代文人之家为书香门第，事实上，门是绝不可能透露出书香之气的，即使在屋里堆再多的书。真正能透出书香，能够让人一眼、一交谈就感受到那种浓浓的书香气息的是人，只有人才能在那种举手投足之间就闪现出"修养"这两个字。当然，修养也包括举止，仪态，谈吐等。但文化气息却是其中不可或缺的重要部分。

青少年如何提高自己的修养？在日常生活中要注意自己的言谈举止，不做不文雅的举动，不说不文雅的话，而且更重要的一点是，要提高自己的文化素质。多看点书，从书里沾一些书香气息回来，总是与众不同的。文化总是在不知不觉中改变着你，这样在不知不觉中吸收知识，并提高自己的修养。

古人云“近朱者赤，近墨者黑”，这正说明了一个人的修养很大程度上跟他所处的环境有关。由此可见，人的良好的道德修养也是在所处的社会环境中，在积极因素作用以及舆论导向下逐步形成的。一个好的学习环境能够使人积极向上，形成良好的思想道德理念和道德修养。反之，就会让人精神颓废，意志消沉，道德沦丧。如今的青少年一定要注意自己的道德修养，不要因此受到不良风气的影响。

5 学习环保，爱护环境

“保护环境，人人有责！”这句话大家都听说过。现在，环保水平日益提高，是由于大多数人都自觉地保护环境。但还有少数人，因为各种原因在破坏我们的家园，破坏环境。环境是人类生存最基本的条件之一，如果我们破坏了环境，就等于破坏了我们生存的条件。

作为青少年，保护环境责任重大，应该从现在做起，从身边的事情做起。学习环保知识，保护我们的生存环境，让保护环境不只是一种口号，而是从小养成的一种习惯；让保护环境不只是刻意地去关心，而是脑中的深刻意识。保护环境是多么重要的人生一课，这是爱别人爱自己，爱自然爱社会，爱文明爱生命的表现。青少年一定要做到“保护环境，人人有责”。让自己的人生在清新的环境中度过。

§保护环境

传说很久以前，盘古开天辟地之后，便精疲力竭，倒下之后再未起来过。他临死时，身体各个部分分别化作天地万物…—日月风云、山川湖海、良田沃土、矿藏宝物，等等。一个美好的世界诞生了。如今，再请青少年睁大眼睛看看这世界，天是灰的，草是黄的，花是谢的，树是枯的，而我们最忠实的朋友——动物，则是濒临灭绝的。现今的景象与盘古开天后的景象真是天壤之别。这种凄惨的景象又是怎样形成的呢？其实原因很简单，由于人类乱砍滥伐，滥捕滥杀，使盘古留下的美好世界变成了今天的景象。

好在人类已知错，并行动了起来，开始弥补自己的过失。栽树，种花，让天更蓝，水更清。可有一些人，不但不参与环保，反而对环保不屑一顾，仍旧破坏环境。

工厂污染：在现实生活中也有污染环境的事例：如一家化工厂，由于厂长利欲熏心，不顾后果，向厂旁小河里排放废水，使原来清澈见底的小河变得混浊不堪。河里的鱼虾相继死亡，原本生机勃勃的小河变得死气沉沉。环保局几次三番来查，却仍然无济于事。

随地扔纸：有一位青年人，走在街头，手里拿着刚买来还未开袋的冰激凌，撕开了包装袋，随手一扔，便大模大样地吃起来。

骨痛病事件：日本于1955—1972年发生骨痛病事件。镉是人体不需要的元素，日本富山县的一些铅锌矿在采矿和冶炼中排放废水，废水在河流中积累了重金属“镉”。人长期饮用这样的河水，食用浇灌含镉河水生产的稻谷，就会得“骨痛病”。骨痛病者的骨骼严重畸形、剧痛，身长缩短，骨脆易折。

诸多的事例告诉我们，只有通过不断的学习环保，才能对自然中的一草一木、一花一树更加地珍惜，才能更好地懂得环保的意义。人类的寿命与生存环境息息相关，如果环境差，人类的健康也会受到损害。因此学习自然科学，对青少年来说，正是在学习环保知识。青少年更要以身作则，呼吁身边的人，参与环保。环保，人人有责！

§ 了解环保知识，创造健康人生

1. 少用塑料袋：塑料是石油产品，不易分解，埋入土壤中十几年不腐烂。任意处置会造成土壤、河流污染，因此世界各国正在开展“使用纸口袋”的运动。作为青少年也要少用塑料袋来保护我们的环境。

2. 慎用清洁剂——减少水污染：清洁剂等各种各样的化学洗涤用品正是水污染的元凶之一。只要我们对自己的行为稍加注意，就可以减少对水环境的污染。

（1）大部分洗涤灵是化学产品，排入水源后会污染水体。我们只要在清洗餐具时尽量少用洗涤灵，就可避免水污染；

（2）肥皂的原料来自植物或动物脂肪，对水的污染比较小，比一般化学配方产品好得多。因此我们洗衣服可以用肥皂来洗，这样不仅会减少水污染，还会对健康有益。

3. 少用一次性餐具：一次性塑料餐具垃圾，被称为“白色垃圾”。为保护我们自身的环境质量，青少年应该拒绝使用一次性茶杯、餐具、筷子，改用陶瓷杯、搪瓷盆、玻璃杯、木筷子、布尿布。

4. 珍惜纸张就是珍惜森林：青少年虽然并没有直接砍伐森林，但我们是否能想到，木材是造纸的主要原料，浪费纸张就等于加入了砍伐森林的行列。因此，珍惜纸张就是在珍惜和保护我们的森林资源，青少年请不要随意地扔掉白纸，应充分利用纸的空白地方。

1. 保护环境，人人有责！
2. 保护树木，就是保护自己！
3. 花草丛中笑，园外赏其貌！
4. 我为你美丽的心灵绽放！
5. 绕行三五步，留得芳草绿！
6. 愿君莫伸折枝手，鲜花亦自有泪滴！
7. 森林是氧气的制造工厂！
8. 草木绿，花儿笑，空气清新环境好！

9. 来时给你一阵芳香，走时还我一身洁净！
10. 种一棵树，种一枝花，世界会更美好！
11. 草儿可爱，大家爱！
12. 距离产生美，谢绝亲密接触！

6 学习政治，了解国情

青少年要把政治作为一件很有趣的事情来学习，政治对于不同的人来说，其理解也不相同。现代社会人们离不开政治知识，政治学习是很关键的，而青少年时期的政治学习尤为重要。它分析了青少年时期政治观的发展状况，指出青少年时期政治学习模式在政治社会化中的作用。

学习政治可以帮助青少年了解自己国家的国情，明白现代社会中的激烈竞争，学会做人。思想政治学科学习的主要目的就是让我们青少年了解如何做人，在社会上踏踏实实地做人，不要行差踏错；学习政治学科，可以增强爱国意识，明白国家现在在世界上所处的地位。

§社会离不开政治

我国统一观念由来已久，也最深入人心。在中国历史上，为国家的统一做出贡献的人，就是民族英雄。即使事业未能成功，有这种精神并且作出了巨大的努力，也是人们推崇的对象。像南北朝时的祖逖，南宋的岳飞，都是这样的民族英雄。此外，统一观念更是深入人心，社会离不开政治，这也是海峡两岸全体中华儿女的共同心愿。

从毛泽东开始，历届领导人都将统一祖国作为自己的历史使命。邓小平对于这个统一大业作了切实的安排，根据现实情况，提出具体的方针与实施的步骤。这就是“一国两制”：既要避免用武力去解放，又不能放弃主权。“一国两制”就是最佳方案。

"一国两制"，也是中国的老传统。从理论上说，孔子主张的"和而不同"是这个传统的理论基础。"和而不同"，就是说不同性质的东西可以和平共处于一个统一体中。对于制度来说，可以在一个国家同时实行两种制度。在实践中进行比较，人们可以从实践的结果中比较双方的优劣，并进行选择。这也是两种制度的和平竞争。两制孰优孰劣，一时还难以断定。又经过几百年的讨论与实践，唐代柳宗元写出千古名篇《封建论》，以充分的事实和雄辩的理论，判定郡县制优于封建制。从此以后，没有人再讨论这个问题了，因为支持封建制者找不出理由与事实来反驳柳宗元的理论。在民国初年，新政府允许清朝末代皇帝溥仪在故宫里当小皇帝，维持帝制，而在故宫之外实行民主制。这实际上也是"一国两制"。一九四九年新中国成立以后，西藏仍然维持农奴制。这也是"一国两制"。到 1959 年达赖叛乱，才改成社会主义制度。两制保持了近十年。

"一国两制"的方案，只有通过古人与今人对政治深入地学习，才有可能付诸实施。正如儒学一样，它产生于春秋战国时代，独尊于汉代，一直与中国的政治有着密切的联系。这是中国的传统，也是儒学的传统。直至近现代，儒学仍然与政治有着密切的联系。这种联系是良性循环，既促进儒学的发展，也有助于政治的成功。

§ 政治，从小学习

思想政治课可以说我们从小学就开始接触，对它已经非常熟悉了，对于初中的同学而言是培养良好的情操以及认识国家和世界的历史进程，对于高中的同学来说，学习政治是要学会了解生活，学会如何做人，懂得并了解马克思列宁主义哲学思想。以下是初中和高中的政治特点：

初中的政治一般是学习心理、法律、社会的历史进程以及了解国家的国体、政体。高中的政治是学习经济、法律以及哲学。两个学习阶段肯定会有不同之处，但是只要青少年认真地学习，一定可以掌握好。

青少年要知道学习政治的重要性，只有把政治学好，才能为自己的未来打好坚实的基础。从现在开始为自己的未来做好准备，因为时间不等人，只有记清楚这个规律，才能有资格在这个激烈竞争的社会上立足。

7 学习科学，勇于实践

科学发展要求人们用科学的态度探索和谐发展的规律，只有正确地运用和谐发展的规律与科学技术，才能实现和谐发展的预期目的。因此，青少年要有效地学习科学，提高自己的科学知识，从而进行不断地科学实践，为我们的国家做贡献。

作为青少年，要不断地从科学学习中，学会实践。科学就是把任何被研究的对象，进行无限放大和无限缩小，在无限放大和缩小的过程中，找到接近100％的完美理论，得出价值，做出贡献。看看我们现在的生活，看看航母，看看互联网，等等，这些科学的意义，平凡地存在于我们的生活当中。所以，青少年要在平凡的生活中善于观察，进行实践，实现自己的科学创造。

§好奇心造就科学家

掌握科学，就是掌握知识，但科学不是一般零散的知识，它是理论化、系统化的知识体系。科学是人类和科学家群体、科学共同体对自然、对社会、对人类自身规律性的认识活动。在现代社会，科学还是一种建制。科学技术是生产力，科学技术是第一生产力。爱迪生曾经说过：“惊奇就是科学的种子。”因此，青少年要善于发现问题和解决问题，这样才有可能进行科学创造。

瓦特勤奋学习，刻苦钻研。随着智育的发展，瓦特对客观存在的一些事物都发生了浓厚的兴趣，产生了好奇和钻研之心。这为他以后发明蒸汽机打下了良好的基础。在瓦特的故乡——格林诺克的小镇子上，家家户户都是生火烧水做饭。对这种司空见惯的事，有谁留过心呢？瓦特却留了心。有一次，他在厨房里看祖母做饭。灶上坐着一壶开水。开水在沸腾。壶盖啪啪啪地作响，不停地往上跳动。瓦特观察好半天，感到很奇怪，猜不透这是什么缘故，就问祖母："什么玩意儿使壶盖跳动呢？"瓦特对自己不懂的事情有着强烈的好奇心。

一个晴朗的早晨，画眉在树梢上唱着愉悦的歌曲。在英国格拉斯哥大学的校园里，有一个人正在散步。他迈着缓缓的步伐，在绿茵茵的草坪上踱来踱去。他时而望着广阔的天空，时而瞧瞧平坦的操场，时而皱起双眉……突然，他脸上流露出笑容，心情豁然开朗，想出了发明蒸汽机的有效办法。他高兴地跑起来，脚步腾空。霎时间，他的身影便出现在陪伴他多年的操作台上。他就是蒸汽机的发明家瓦特。

瓦特的故事告诉我们，作为青少年，学习科学，要勇于实践，更重要的是要有好奇心。能够发现问题，产生好奇并加以时间钻研，是科学发明的关键。科学是人类意识对客观自然的一种正确的认识，它是来源于实践，指导人类进行新一轮实践并接受实践的检验，从而进行具体有序的整理，周而复始的过程。通俗地说，科学是一种态度、观点、方法。其实，它反映了科学地认识事物的不同和多个复杂方面，这就是对事物的好奇。

§青少年要学习科学精神

1. 科学精神就是求真务实的精神。在建设创新型国家的进程中，我们要有求真务实的科学态度和只争朝夕的奋斗精神。在解决事关老百姓切身利益的医疗、住房、教育、社会保障等民生问题上，也要具有求真务实的科学精神，不漠视，不推诿、不"踢皮球"，真正把群众的事情放在心上。今年的"两会"上，代表委员带来了大量反映社情民意

的议案、提案，有的具有前瞻性，通过不断的努力，力求早点解决；有的具有可操作性，通过周密细致的工作，可以尽快解决。解决民生问题，首先需要对百姓有感情，但也要有科学的办法和措施。唯有科学的态度和科学的精神，才能真正地而不是只在口头上为群众分忧解难。

2. 科学精神是改革创新的精神。科学永无止境，改革没退路。只有改革创新，各项工作才能与时俱进，立于不败之地。这几年，政协的提案工作、委员视察工作已经卓有成效。但是，全国政协仍然进行改进、创新，开展讨论研究，以推动《中共中央关于加强人民政协工作的意见》的贯彻落实。往年政协常委会工作报告全面、扎实，今年贾庆林主席代表政协常委会所做的报告又作改进，字数压缩到7000字，做到短而实。在本次会议上，一些委员提出，我们不仅要完善经济立法，还要完善社会管理立法，为构建和谐社会服务。这些，都体现了我们改革创新的科学精神。

3. 科学精神是文明进步的精神。推进民主法制建设，加强公民道德建设，维护社会公平正义，树立社会主义荣辱观等等，既符合国家发展和社会进步的实际，又深受人民群众的欢迎。我国有五千多年的文明史，也曾受漫长的封建文化浸润。在一些地方，封建落后意识还有一定市场，官场腐败也不必讳言。群众关注的热点问题与代表委员研究的焦点问题达成共识，文明进步的呼声推动社会前行。可见，科学精神不仅仅限于一般的科学研究和科普工作，也是抵制谬误的武器，取代黑暗的光明，切实关乎国家富强、民族进步和人民幸福。科学精神是科学发展观的一个灵魂，它将长时间指导我们的工作，带领我们一步步走向胜利。

青少年可以通过媒体学习科学知识，更加全面地了解航空航天知识和我国的“探月计划”，感受航空航天科技工作者崇高的品质，伟大的理想，从而树立爱国主义、集体主义观念，增强民族自豪感。激发青少年爱科学、学科学、用科学的热情，可以更好地达到青少年学习科学、进行实践的目的。通过这样的学习，让青少年对科学能有更深刻的认识。学习和实践相结合，提高我们的积极性。对某件事情好奇时，可以通过亲身的实践来实现自己的科学创造，让自己的人生富有创造性，实现自己的自强人生。

8 博览群书，有助于成功

学习是为了我们活得更体面和高贵。文化令人睿智豁达、优雅美丽。知识可以改变人生。学习不能改变人生的长度，但它可以改变人生的宽度，让人生在有限的长度内，宽广辽远，波澜壮阔，奔腾汹涌，浩荡激越。学习虽不能改变人生的物相，但可以改变人生的气象。

人的外貌基于遗传而难于改变，但人的精神可以因阅读而蓬勃葱茏、气象万千。学习不能改变人生的起点，但它可以改变人生的终点。它让人生永不听任命运的摆布，把握自己，执着地走向梦想的极地。文化穿越时空，为人类开辟了一个遥望世界的无限星空。它与人生同步，却可以与时间逆行，揭晓迷离的过去，抵达遥远的未来。它可以开启无数个维度空间，让思想纵横捭阖，通向伟大的心灵。青少年可以去泡泡图书馆，因为学校和家里的书毕竟有限。在图书馆里阅读绝对是顶级的享受。

§ 博览群书，助我成功

青少年要学习各种科学知识，如语文、数学、科学、地理等。随着学习型社会的来临，社会上各行各业都在读书学习，然而读书学习对于青少年尤为重要。因为青少年正处于读书学习的关键时期，因此读书要广泛，除了学习课本知识以外，也要通过博览群书来充实自己。

比尔·盖茨的童年是在美国华盛顿州的西雅图度过的。西雅图是美国波音公司的基地，全市职工近半数在这家公司工作，所以人们也把西

雅图称为波音城。它和旧金山、洛杉矶并列为美国西海岸的三大门户。长着一头沙色头发的7岁男孩盖茨最喜欢反复看个没完的是那套《世界图书百科全书》。他经常几个小时连续阅读这本几乎是他体重1／3的大书，一字一句地从头到尾地看。他常常陷入沉思，冥冥之中似乎强烈地感觉到，小小的文字和巨大的书本里面蕴藏着一个多么神奇和魔幻的世界啊！文字的符号竟能把前人和世界各地人们有趣的事情，记录下来，又传播出去。他又想，人类历史将越来越长，那么以后的百科全书不是越来越大、越来越重了吗！要是能有什么好办法造出一个魔盒那么大，就能包罗万象地把一大本百科全书都收进去的书，该有多方便。这个奇妙的思想火花，后来竟给他实现了，而且比香烟盒还要小，只要一块小小的芯片就行了。

盖茨看的书越来越多，想的问题也越来越多。一次他忽然对他四年级的同学卡尔·爱德蒙德说：与其作一棵草坪里的小草，还不如成为一株耸立于秃丘上的橡树。因为小草千篇一律，毫无个性，而橡树则高大挺拔，昂首苍穹。他坚持写日记，随时记下自己的想法，小小的年纪常常如大人般地深思熟虑。他很早就感悟到人的生命来之不易，要十分珍惜这来到人世的宝贵机会。他在日记里这样写道：人生是一次盛大的赴约，对于一个人来说，一生中最重要的事情莫过于信守由人类积累起来的理智所提出的至高无上的诺言……那么诺言是什么呢？就是要干一番惊天动地的大事。他在另一篇日记里又写道：也许，人的生命是一场正在焚烧的火灾，一个人所能去做的，就是竭尽全力要从这场火灾中去抢救点什么东西出来。这追赶生命的意识，在同龄的孩子中是极少有的。盖茨所想的诺言也好，追赶生命中要抢救的东西也好，表现在盖茨的日常行动中，就是学校的任何功课和老师布置的作业，无论是演奏乐器，还是写作文，他都会倾其全力，花上所有的时间去最出色地完成。

比尔·盖茨的事例告诉我们博览群书的重要意义。但对大多数青少年来说，自己的课本都懒得看，更别说是要求他们博览群书了。这就要求青少年要有强大的意志力，不断要求自己学习知识，只有这样才能有所建树，才有可能为自己的人生创造财富。

§ 青少年要博览群书

老子说过："五色令人目盲，五音令人耳聋，五味令人口爽；驰骋畋猎，令人心发狂；难得之货，令人行妨。"五光十色让人眼花缭乱，靡靡之音乱人心智，美味佳肴让人饱食终日。骑马狩猎让人心放荡，金银财宝让人产生贪欲。因此，青少年不能为充满诱惑的外界事物所左右，要明白自己身上的神圣使命。

青少年肩负着未来社会的神圣使命，只有用知识来武装自己的头脑，在学好课本功课之外，要博览群书，胸怀大志。中华民族扬扬五千年的历史，浩如烟海的知识，博大精深的文化，就摆在青少年的面前。我们要把呼唤"超女"的气势，玩游戏的痴迷精神拿到学习上来，博览群书，肩负起青少年的使命。

青少年可以通过博览群书的方法进行学习，并以知识来充实自己。书是知识的海洋，学海无涯，唯勤是岸。想在知识的海洋中遨游，最要紧的是要多读书。诗人杜甫曾经讲过，读书破万卷，下笔如有神。只要好读书、读好书、读书好，这样就能认真地、好好地读书。"书山有路勤为径，学海无涯苦作舟。"青少年要下定决心好好读书，书会指引我们走好人生的每一步路，在人生的道路上自强不息。

第八章

辛勤耕耘，用勤奋开拓自强人生

“宝剑锋从磨砺出，梅花香自苦寒来。”每一个人都有自己的理想，而这些理想都是要靠辛勤耕耘来实现的。当然，勤奋并不意味着蛮干，而是要在刻苦学习的基础上合理安排时间并掌握好的学习、方法，这样，学习才有效率。“天道酬勤”，只有用自己辛勤的努力去耕耘，才能开拓出自强的人生。

1 勤学好问才能成功

成功者之所以会成功，都是因为他们勤学好问。好问者可以从他的提问中获得有效的知识，因此易于成功。从伽利略到麦克兰，他们都是从好问中得到成功的。正如古人所说：好问的人，只做了五分钟的愚人；耻于发问的人，终身为愚人。

“你的脑筋是一个仓库呢？还是一个工厂？”这句话是大陆伊里诺斯银行和芝加哥信托公司的总经理尤金·斯提汾兹问的。“你的知觉仅只当作一种门户，让事实进入大脑里储藏着呢？抑或能将事实当作一种原料，让你的大脑生产出新的产品呢？”那就是发现问题并“提问”，只有这样才能使我们的大脑生产出新的“产品”来，才让我们懂得更多的知识，为我们的成功铺路。

§ 不耻下问

青少年往往不喜欢问别人问题，不想承认别人比自己懂得多，这是一种极愚昧的自傲心理作祟。假使你请教他人时是以一种早已晓得的态度，那你最好不问，无论你所请教的人如何卑微，你的发问态度必须诚恳，要有一种真正想知道的态度。想从别人身上得到知识的唯一秘诀，便在于你能使别人感觉到你确实承认和敬佩他们高深的知识。这种诚意的敬重可以打开别人如泉涌般的心门，而你也能得到收益。

美国电力公司的大老板斯泰因麦兹说：“如果每一个人不停止问问题，世上就没有愚蠢的问题和愚蠢的人。”

春秋时代，孔子被人们尊为“圣人”，他有弟子三千，大家都向他请教学问。他的《论语》是千百年来的传世之作。孔子学问渊博，可是仍虚心向别人求教。有一次，他到太庙去祭祖。他一进太庙，就觉得新奇，向别人问这问那。有人笑道：“孔子学问出众，为什么还要问？”孔

子听了说："每事必问，有什么不好？"他的弟子问他："孔圉死后，为什么叫他孔文子？"孔子道："聪明好学，不耻下问，才配叫'文'。"孔子虚心好学，肯向一切人求教，包括向比自己地位低的人学习，这就叫"不耻下问"。

古人云："读书好问，一问不得，不妨再问"；"有教养的头脑的第一个标志就是善于提问"；"不学不成，不问不知"；"君子之学必好问，问与学，相辅而行者也"；"非学，无以致疑；非问，无以广识"；"发明千千万，起点是一问"；"禽兽不如人，过在不会问"；"人力胜天工，只在每事问"……就是说，读书好问，问一次不理解，可以再问，要做到"不耻下问"。

§学会正确地发问

有些青少年在提问以后往往得不到自己想要的答案，多半表示你问错了人。俗话说："智者问得巧，愚者问得笨。"这种碰钉子并不是说你以后不应再问了，而是你应当找别的方法去得出答案来。如果一定要问别人才能得到答案，就必须问一个确实知道这个答案的人。去纠缠那些不晓得答案的人是一件愚蠢的事，只不过是使他们不高兴而已。去问知道的人吧，这是最好的方法。无论什么问题，一旦想解决，绝不是拿着别人无知的话当作最后的决断。成功者未必能解决每一个问题，但是成功者也不会相信因为别人说不能解决，便以为真的不能解决，而是不断寻求正确的解决方法。

而且更重要的是，不是在于你能否得到答案，而是在于保持一种疑问的态度。组建美国羊毛公司的威廉·伍德说："得到真正教育的唯一方法便是发问。你之所以问一个问题便是因为你想知道它的答案，因为你想要知道答案，于是在心里便记得。所以一个时时产生问号的头脑是一笔很大的财富。"

因此，青少年要端正自己关于问问题时应持的态度，就要承认你自己是多么地"无知"，承认世上有许多事情都有待你去学习。比如你承认一个帮佣所知道的有关家务方面的常识比你晓得的多些，或许你就可以从她那儿学点什么。反之，假使你自以为比旁人知道得多，假使你和他们交谈是要证明他们比你愚蠢，那你已在成功的路途上逆行了。

对于你周围的东西和事情要保持疑问的态度，寻找问题，加以发问，找出困难和矛盾的地方，承认仍有许多你可以学习的事情。甚至可以向比你地位低的人进行提问，以供给你极有价值的资料。

古人云：“一勤天下无难事。”从古到今，有多少名人不是因勤奋而得来成功的？普列汉诺夫说：“有教养的头脑的第一个标志就是善于提问。”

青少年正处于学习的好时期，因此要养成喜欢讨论问题的习惯。假使你喜欢讨论，你便能透彻地训练思考能力。相反地，假使你讨厌讨论问题，你便会躲避，也绝不能学会如何思考。所以我们要培养自己爱问、爱讨论的习惯。

2 勤奋耕耘才会硕果累累

“世界上没有笨的人，只有不勤奋的人”这句话，青少年应该都听说过，它告诉我们要勤奋学习，长大以后做一个对社会有用的人。学海无涯，要靠勤奋的精神才能学到更多的知识。爱因斯坦也曾说过：“天才是百分之一的灵感，百分之九十九的汗水。”只有勤劳的汗水，才能浇出成功之花。

俗话说：“好学而不勤问，非真好学者”。在日常的学习和生活中，作为青少年要严格要求自己，勤奋学习，争取成为国家的栋梁之材。作为现代化建设的生力军，青少年要不断地要求自己，要有坚定的责任感。学习方面要争先进，思想方面也要迎头赶上。在每次考试中争取取得好成绩，明确自己的目标，勤奋向前。勤奋学习，定会硕果累累。

§只有勤奋才能成功

勤奋耕耘，硕果累累，“努力”与“果实”两者之间紧密相连，没有不努力而得来的果实，除非天上会掉馅饼。这揭示了青少年求知成才的方向和勤奋之间的关系。只有勤奋努力，坚定自己的目标，勇往直前，才会产生累累硕果；只有坚持不懈地勤学，才能真正实现宏伟坚定的志向。

孙康幼时酷爱学习。他想夜以继日攻读，可家中贫穷，没钱购买灯油。一到天黑，便没有办法读书。特别是到了冬天，长夜漫漫，他有时辗转很久，难以入睡。实在没有办法，只好白天多看书，晚上睡在床上默诵。

有一天夜里，他醒来后，忽然发现从窗外透进几丝白光。开门一看，原来下了一场大雪。屋顶白了，地上白了，树上也白了。整个大地披上一层银装，闪闪发光，使他眼花缭乱。他站在院子里欣赏银装素裹的雪后美景，忽然心中一动：映着雪光，可否读书呢？他急急忙忙跑回到屋里，拿出书来对着雪地的反光一看，果然字迹清楚，比一盏昏黄的小油灯要亮堂得多呢！从此孙康不再为没有灯油而发愁。整个冬天，他夜以继日地读书，不怕寒冷，也不感到疲倦，常常一直读到鸡叫。即使是北风呼号，滴水成冰，他也从来没中断学习。功夫不负有心人，孙康砥砺求进，学有所成，终于成为一位很有名望的学者。

人们常说：“书山有路勤为径，学海无涯苦作舟。”这的确是一条颠扑不破的真理，让我们在知识的海洋中重新扬帆起航，利用这条真理，用汗水去浇开那绚丽多彩的成功之花。作为青少年，只有勤奋刻苦地学习，才能不断进步，走向成功。

§勤学立志，才能硕果累累

作为青少年，在勤奋学习的同时，也要给自己设立目标，有目标就有了前进的方向，才能助我们早日尝到果实的香甜。青少年励志要注意以下几个方面：

1. 青少年要树立正确人生观。像古今中外所有伟大人物那样，少年立志，志在国家，志在人民，志在天下，矢志不渝。把“救国救民”“为中华之崛起”作为自己人生奋斗的目标，并为实现志向刻苦学习，无私无畏学习。

2. 青少年要勤奋学习。要懂得勤奋学习是实现远大理想的基础，并付诸行动。学习要持之以恒，要有一种“挤”劲、“钻”劲、“韧”劲，切忌浅尝辄止，不求甚解，马马虎虎，粗枝大叶。在学习中，要讲求科学的学习方法，变苦学为乐学，有效地利用每分每秒，提高学习效率。要坚持理论联系实际的好学风，要“多思”，要好学好问，不但向书本学习，更要向能者学习，向实践学习，在实践中增长才干。

3. 青少年要谦虚求实。要懂得“谦虚使人进步，骄傲使人落后”“满招损，谦受益”的深刻道理。“知之为知之，不知为不知”，不强以不知为知。能做到“学而时习之”“温故而知新”“见贤思齐”“每事问”“敏而好学，不耻下问”。

小提示

勤奋从来就是中国人民的传统美德。古往今来，凡是有成就的人没有一个不是因勤奋才获取硕果，攀登高峰的。勤奋是最常见的社会风气或个人素质，青少年要把这种传统美德继承和发扬下去。一分耕耘，一分收获。努力勤奋地学习是我们青少年应该也必须做的事情，只有不断地努力学习，才有可能得到丰硕的果实。才能造就自强人生。

3 刻苦学习，勤奋求学

什么是学习？先说“学”。“学”就是效仿，即从别人或书本、环境、媒体等处通过读书、听讲、观摩、思考等，掌握已有的知识、增长智慧。这是人类必经的环节。再说“习”。“习”的原义是小鸟频频起飞。子曰：

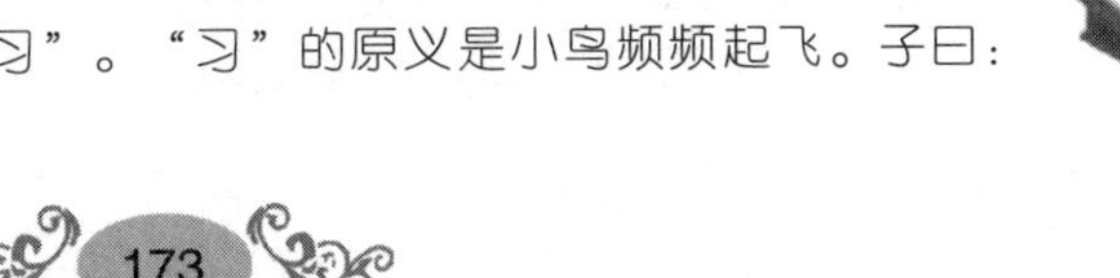

"学而时习之，不亦说乎"其中的"习"是什么意思，一直有不同看法。有人说，"习"就是温习、复习。中国科学院院士杨叔子先生说，"习"是实践。

学习是把"学"和"习"复合组成的词，孔子说："学而时习之，不亦说(yue)乎？"意思是，学了之后及时、经常地进行温习和实习，不是一件很愉快的事情吗？按照孔子和其他中国古代教育家的看法，"学"就是闻、见，是获得知识、技能，主要是指接受感性知识与书本知识，有时还包括"思"的含义在内。"习"是巩固知识、技能，一般有三种含义：温习、实习、练习，有时还包括"行"的含义在内。"学"偏重于思想意识的理论领域，"习"偏重于行动实习的实践方面。学习就是获得知识，形成技能，培养聪明才智的过程。青少年要把"学"和"习"结合起来，学习知识并时常地巩固和复习。

§青少年要刻苦学习

对于青少年来说，学习本应是快乐和幸福的，可为什么一说到学习，就用刻苦二字来激励我们？为什么青少年在学习过程中感到痛苦万分，甚至有人半途而废呢？其实，我们可以想一想，并不是所有的学习都让你感到痛苦和厌烦。从刚出生时和小动物没有什么区别的无知幼儿，到现在成长为一名学生，其间我们已经经历了不少，也学习了不少。我们的学习，从一出生就开始了：第一次扭头，第一次翻身，第一次能坐，第一次会站，第一次能走，第一次会跑，第一次会说话……稍大以后，第一次学会用饭勺，第一次会使筷子……这些跟我们学习的特殊性都是分不开的。

作为青少年，学习是在各类学校的特定环境中，按照教育目标的要求，在教师的指导下，有目的、有计划、有组织地进行的，这是一种特殊的认识过程。以前我们的学习在很短的时间就能感受得到，从来没有像学校学习过程这样漫长，要持续十几年甚至更长，还有一些青少年喜欢放大自己学习活动中的失败感，更让自己平添了许多苦恼。也正因为如此，学习有时不再仅仅是一种智力的考验，更是人的意志品质的考验。我国古代有许多刻苦学习的典型，如：

西汉的匡衡年轻时十分好学。他家里很穷，买不起蜡烛，匡衡晚上想读书的时候，常因没有亮光而发愁。后来，他想了一个办法，在墙壁上悄悄地凿了一个小孔，让隔壁.人家的烛光透过来。就这样，他经常学到深夜，后来成了西汉著名的学者，曾做过汉元帝的丞相。从凿壁借光的事例可看出：环境因素并不是决定性的因素，匡衡在极其艰难的条件下，通过自己的努力学习和坚强毅力，终于一举成名。

东汉时候，有一个名叫孙敬的人，是著名的政治家。他年轻时勤奋好学，经常关起门，独自一人不停地读书。每天从早到晚读书，常常是废寝忘食。读书时间长，劳累了，还不休息。时间久了，疲倦得直打瞌睡。他怕因此影响自己的读书学习，就想出了一个特别的办法。古时候，男子的头发很长。他就找一根绳子，一头牢牢地绑在房梁上。当他读书疲劳时打盹了，头一低，绳子就会牵住头发，这样会把头皮扯痛，于是他马上会清醒过来，再继续读书学习。

古今中外，有许多关于刻苦学习的名人成功事例。那么，为什么这么多刻苦学习的人被推崇？为什么这么多激励人们学习的格言警句被传诵？是因为学习不是一蹴而就的，每一个想在学业上有所建树的人，必须付出艰苦努力。学习需要非凡的意志品质，需要不断地激励。在学业上有所成就的，必是意志非凡的人，是值得尊敬和学习的人。因此，学习需要刻苦努力。

§ 怎样做到勤奋学习

人们吃一点苦，并不难做到，难的是能够持之以恒勤奋刻苦。在学习上，怎么才能做到勤奋？这需要我们给自己找到学习的“永动机”。总是有些人不自觉，或不太自觉，不愿学习，怕学习。青少年不愿学习，怕学习，原因是多方面的：有态度、方法方面的，也有信心、毅力方面的；有自身的，也有外在的。而最关键的、最根本的是缺少学习动力，缺少一种内在的催促自己不断进取、不断提高的学习动力。那么，学习动力从哪里来呢？

1. 要有良好的学习动机：《学习的革命》一书中说，“学习与动机是不可分割的，动机提供目标和方向，无目的的学习常常是无益的。”

学习动力首先产生于学习的动机。学习动机是直接推动学习的一种内部动力。产生了学习的动机，有了明确的学习目的，才能产生学习动力。这就要求青少年，要有远大的理想和追求，要学会听取家长、老师的引导、教育。

2. 给自己施加适当的压力：俗话说，“挑着担子跑得快。”这就很形象地说明了压力与动力的关系。我们通常也说压力产生动力。其实人的一生都是充满压力的：学习的压力、工作的压力、生活的压力等。有人曾说“压力是人生的燃料”，一个人的生存发展是以压力作为燃料，作为动力的，作为能量源泉的。可见压力对人发展的重要性。作为青少年不可能不遇到学习压力。学习是一个苦乐相伴的过程，有苦也有乐，只靠一时的热情是不行的，更需要正确认识，冷静对待。

3. 让自己不断成功：最能激发青少年产生学习动力的是学习的成就感。确立一个个小的目标，并努力使自己达到这个目标。国外有位教育家说过，“当学生达到他们的目标时，动力与能力就会猛增”。因此，作为青少年要及时了解自己的学习结果，看到自己的学习成绩进步，努力让自己不断获得成功。

学习是一种会使你更快乐、生活质量更好、更有自尊、对社会贡献更大的一种素质提高的过程。这样努力一段时间，你将发现自己不会因为某件事而感到遗憾。你还将发现，以坚强的毅力、乐观的情绪，脚踏实地地由易到难不断更换目标，是我们每一个人都可以做到的。青少年的学习，就应该像运动员训练一样。让自己有学习的“永动机”，就会不怕困难，就能排除万难，在求学的道路上，战胜一个个拦路虎。我们可以做学习的主人，做一个勤奋求学的人，做一个在学业上有所建树的人，做生活的强者。

4 用勤奋开拓的成功之路

有一首歌的歌词中写道："谁都不可能随随便便成功，把握生命里每一分钟，全力以赴我们心中的梦；不经历风雨，怎么见彩虹。"《成功的花》一诗说："成功的花，人们只惊羡她现时的明艳，然而当初她的芽儿，浸透了奋斗的泪泉，洒遍了牺牲的汗雨。"由此可见，成功在于勤奋。

青少年只有把握好勤奋这把钥匙，才能打开成功的大门，否则只会得不偿失。勤奋，也一向被古人所赞扬。而对于青少年来说，勤奋往往被忽视，其实勤奋完全是自己决定的，青少年也必须在这方面狠下功夫。力求做到"衣带渐宽终不悔，为伊消得人憔悴"。

§成功在于勤奋

贝多芬在练琴的过程中，手时不时会发烫。他端来一盆凉水，手发烫了，就在水里泡一下，继续弹。泡的次数多了，水滴到了楼下的人家里，他却不知道。就这样，日复一日，年复一年，他最后成了著名的音乐家，给世人留下了最著名的《命运》交响曲。

我国思想家鲁迅先生，当人夸他是"天才"时，他却说："哪里有天才，我只不过把别人喝咖啡的工夫用在工作上了。"这说明他有吃苦，肯用功的精神，否则他是不会取得那么大成就的。这些都值得青少年学习。

高斯，出生于德国布伦兹维克的一个贫苦家庭。他的父亲格尔恰尔德·迪德里赫先后当过护堤工、泥瓦匠和园丁，第一个妻子和他生活了10多年后因病去世，没有为他留下孩子。后来他娶了罗捷雅，第二年就生了高斯，也是唯一的孩子。父亲对高斯要求极为严厉，甚至有些过分，常常喜欢凭自己的经验为年幼的高斯规划人生。高斯尊重他的父亲，并且秉承了其父诚实、谨慎的性格。1806年迪德里赫逝世，此时高斯已经做出了许多划时代的成就。经过不断的努力，终于，高斯成为

德国著名的数学家、物理学家和天文学家。

一个人再聪明，如果他总是朝朝暮暮躺在草地上，两眼望着蓝天，成功便永远不会从天上掉到他的身上。正如马克思的《资本论》是花了整整40年时间才写出的著名作品。他为了收集资料，光日记就记了1300多篇。伟大的医学家李时珍，为了研究药的性能，发展祖国医学，踏遍了祖国南北，访问了成百上千的农民、樵夫、渔夫，终于写出了举世闻名的《本草纲目》。这诸多的事例都值得青少年学习，学习古人勤奋、刻苦的精神。

§成功源于勤奋

作为青少年，有了进步，这是勤奋的结果，这是一种成功；作为一个农民，他的种子发芽了，庄稼收获了，这是勤劳的结果，这也是一种成功；作为一位作家，他写的书畅销全国，这是勤奋的结果，这还是一种成功。翻开历史的一页，我们可以看到古今中外无数的仁人志士、无数的英雄豪杰，他们成功的奥秘之一不都是勤奋吗?

有人在通向成功的道路上，不努力，不勤奋，导致才智消失。像仲永那样，小时候有点小聪明，为走向成功创造了条件，但由于后天不勤奋学习而导致才智消失，失败了。若我们也像他一样，有些小聪明就不努力，不勤奋学习，任人摆布，放弃了学习，那么成功离我们始终是遥远的。“知识在于积累，成功在于勤奋”，这是千真万确的道理。有的人由于知识贫乏，对天才缺乏正确的认识，总是认为自己头脑笨，没有天赋，于是失去上进心。古人的这些成功事例都告诉我们：只有坚持不懈地勤奋和努力，才能获得成功。俗话说：“一分耕耘，一分收获。”只要我们付出汗水，就一定会有收获。

用勤奋去攀登智慧的高峰，用知识的钥匙打开成功的大门，相信成功离我们不远。成功与失败都是暂时的，只要我们能够在勤奋面前做勇敢的战士，勇于面对它。用自己坚强的意志来面对困难，相信我们成功的路一定会非常精彩和有意义。

“天才”是勤奋的结果。而有些人还不知道天才与勤奋的道理，不知道只有通过不懈的努力，经过勤勤恳恳地奋斗，才能有所作为的道理。相反，只要我们树立远大理想，并为之辛勤奋斗，就一定会干出一番惊天动地的事业来。同时也从一个知识贫乏的青少年，逐渐变成一个了不起的“天才”。让我们为之辛勤地努力和奋斗吧！总有一天，成功会属于辛勤的青少年。

5 成功属于有准备的勤奋者

成功属于那些有准备的人，青少年只有通过勤奋地学习和努力，做好万全的准备，才能得到最终的成功。成功的准备是需要无数泪水和汗水酝酿的。只有做好准备的人，才更有可能走向成功，才有可能创造自强人生。

每个人都希望成功，成功的人注定有着不一样的人生，成功人士的人生注定精彩。青少年也渴望成功，但成功不是轻而易举的事情，成功需要准备。没有父辈传承下来的产业，没有过人的头脑，更没有娴熟的手艺和精湛的技术；我们有的只是青春年少这个资本，有的只是能吃苦耐劳的精神。所以我们要依靠自己吃苦耐劳的精神努力学习，为我们以后的成功做好充分的准备，做生活的强者。

§ 成功属于有准备的人

作为青少年，肯定都有自己的梦想，都希望梦想成真。最大的梦想也就是学业上的成功，为自己今后在事业上、生活上等各方面的成功打下一个良好的基础。青少年都梦想过成功，但是要把梦想变成现实，光想不行，光说不行，光等不行，光靠别人不行，必须依靠自己的积极努

力，认真做好充分的准备才行，因为成功属于有准备的人。

希尔顿早年追随掘金热潮到丹麦掘金，他没有别人幸运，没有掘出一块金子。但是他并没有因此而绝望，在别人忙于掘金之时，他却在为准备建旅店的工作而忙碌。这里面的艰辛是我们常人无法想象的。他也顿时成了有钱人，也为他日后在酒店业的成功奠定了坚实的基础，终于成为世界酒店大王。

一个人要想成功，就必须要做大量辛苦的准备。农民种庄稼，光播下种子是远远不够的，还必须要进行浇水、施肥、除草等，这些辛苦的劳动就是为收获做的准备。戏剧界有句行话，“台上 1 分钟，台下 10 年功”，这 10 年是为了台上 1 分钟的表演做的准备。在战争年代里，部队作战要想取得胜利，决不能打无准备之仗；在和平年代里，三军将士仍在坚持练兵，严阵以待，为保卫祖国时刻准备着。2008 年奥运会在我国北京成功地举办，可以说，是无与伦比的成功，这是全国人民全力以赴，精心准备的结果；奥运健儿摘金夺银，风光无限，但成功的背后，是他们为备战奥运洒下的无数汗水。“神州七号”的成功，是航天员和无数科技工作者充分准备的结果。

青少年一定要向老一辈学习，要想实现自己的梦想，就需要向各行各业的成功者学习，要像农民那样辛勤劳动，像艺术家那样苦练基本功，像战士那样厉兵秣马，像奥运英雄和航天英雄那样刻苦训练，在积极的准备中，不断获得成功！

§成功需要准备

也许，有的青少年认识到了准备的重要性，然而，却没有做出积极的准备，而是混天了日，得过且过，这是非常危险的。因为在现实社会和生活中，竞争激烈，危机重重，要想在竞争中胜出，就必须付出艰苦的努力，比别人准备得更为充分。多一些准备，就会多一些成功，就会少一些风险和危机。

也许，有的青少年不是不想准备，但不知该怎样去准备，那就从自己的身边小事做起吧：在知识上不断积累，在思想道德行为上养成良好的习惯，并持之以恒地做好各方面的具体准备。

也许，有的青少年也做了一些准备，但有时候还会遇到这样那样的失败和挫折，你可能会找出许多借口或理由，但有一个最根本的教训应该记取，那就是四个字：准备不足！

因此，青少年在学习上要踏踏实实地，这样的学习来不得半点的虚假。因为成功需要我们做万全的准备，准备好的人，成功便会不知不觉地来到他的身边。

一个积极准备的人，就是一个最受成功偏爱的人；一个善于做准备的人，就是一个距离成功最近的人；一个做好了充分准备的人，就是一个已经预约了成功的人；一个事事都能认真准备并成为习惯的人，就是一个各方面都能成功的人。因此，青少年要为自己的成功做充分的准备，因为成功永远属于有准备的人！

6 在勤奋中发掘出自己的潜力

通常人们表现出来的能力，只是其真正能力的一小部分，而大部分潜在的能力都未能开发。只要勤奋，就会出现奇迹。这就是说，青少年在学习中一定要勤奋，只要勤奋，总有一天潜力也会被挖掘出来。

对于人类来说，潜力有时表现为天赋，只有极少部分人的天赋会自然地，光芒四射地显现出来。有位哲人说过：人的天赋如火花，它可以熄灭，也可以燃烧起来。要使它成为熊熊大火的方法只有一个，那就是劳动、劳动、再劳动；勤奋、勤奋、再勤奋！

§ 勤奋就是开掘人的潜力

勤奋可以开掘人的潜力，而懒惰的人不肯勤奋，开掘就无从谈起，

潜力表现不出来，天赋也就与他无缘。潜力在每个人身上都是巨大的，要想提高自己的竞争力，就要在开掘潜力上下功夫。青少年要想提高自己的能力，也要在开掘潜力上下功夫。

伊莱恩·L.赵现任美国联合航运公司董事长兼总经理。此前，她是和平队队长和美国运输助理国务秘书。她跟着妈妈和两位姐姐从台湾到美国找爸爸时才8岁。她说："刚来时由于不会英语，我把老师写在黑板上的每个字都抄下来。到傍晚，当爸爸干完他的三份工作回家后，我们再坐下来消化白天的功课。到我16岁那年，我的美式英语已经讲得很流利，学业也相当出色。学校放暑假时，我去了曼哈顿一家法律事务所打工，给图书馆员当助手。"伊莱恩·L.赵在8岁的时候来到了美国，之前，对这个国家是一无所知。但她却靠着勤奋，充分挖掘自身的潜力，不仅顺利地完成芒特霍利约克学院和哈佛商学院的学业，而且在事业上也取得了骄人的成绩。

有人曾说："个人之间天赋才能的差异，实际上远没有我们所设想得那么大。"马克思在引用了这句话后接着说："搬运夫和哲学家之间的原始差别比家犬和猎犬之间的差别还小得多。"一个人的成就如何，并不主要取决于先天所赋予的才智，而是取决于在漫长的人生道路中能否做到勤奋学习、刻苦攀登。

人们通过一项人才调查得出结论：在世界上所有科学成就中，由那些天资聪明、少年时代就异常早慧的人取得的约占5%，而另外95%的成就，都是由少年时代并不十分聪明但却能刻苦勤奋学习的人取得的。这正像爱迪生所说的那样："天才是百分之一的灵感加上百分之九十九的汗水。"对于青少年来说也是一样，不要认为自己小时候的天赋而沾沾自喜，要知道人最大的潜力是在勤奋中得来的。

§如何开发潜力

一个人的潜力是巨大的，但这一潜力需要积极地开发，才能使潜力变成实际的能力。那么青少年怎样开发自己的学习潜能呢？

1. 青少年要树立远大志向。古人讲"非志无以成学""志不强者智不达"。所谓立志就是激励自己走向一条进取的、迎难而上的、智慧

的人生之路。人有了志向，就会对自己严格要求，就会克服前进路上的任何困难，他的聪明才智才会发挥出来。正如高尔基所说：“我常常重复这样一句话，一个人追求的目标越高，他的才力就发展得越快，对社会就越有益。我确信这也是一个真理。”有些青少年智商很高，但由于缺乏远大的志向，智力不能得到彻底地发挥，就更谈不上开发潜能。

2. 青少年要提高身心健康水平。健康的身体、充沛的精力、愉快的心情可使人的智力机能很好地发挥作用；反之，人的智力活动就会受到压抑。可见身心健康是开发潜能的基础。青少年要提高身体健康水平，可以从饮食、睡眠、锻炼三方面进行调整。要提高心理健康水平，需要培养自己的性格，建立和谐的人际关系。

3. 青少年要培养良好的心理品质。心理品质包括道德品质、意志品质、自信心、责任心等。有一位心理学工作者对1850年到1950年的301位科学家进行研究，发现这些人不但智力水平高，而且在少年时期就表现得十分坚强，有独立性，这些人充满自信心，有百折不挠的坚持精神。可见，培养良好的心理品质对青少年的学习潜能作用重大。

4. 青少年要学会学习。有人说过：“未来的文盲不是不识字的人，而是没有学会学习的人。”学会学习可以使人更有效地发挥出自己的学习潜能。学会学习包括全脑学习、全身心学习、科学学习、创新学习等。青少年要有一套自己的学习方法，这样才可以进行有效的学习，学会学习的方法，才不至于以后成为“文盲”，才能更有效地造就自强人生。

人的潜能存在于潜意识中。因此，青少年要实现自己的人生目标，须在树立自信，明确目标的基础上，开发潜能，这一点非常重要。总之，勤奋出智慧，勤奋出成就。勤，对青少年来说，既是一种可贵的美德，更是一种应当养成的习惯。伊莱恩有一句话值得我们青少年学习：只要好好地开发自身的天赋，刻苦学习，努力奋斗，任何奇迹都可以创造出来。

7 辛勤耕耘，不断攀登

俗话说："辛勤地耕耘，快乐地收获。"作为青少年，只有勤劳地学习，才有快乐的收获。有付出就有回报，有耕耘就有收获！自古至今，从来没有无因之果，也从来没有无果之因。

勤奋的人才能有所作为，博学多才来源于勤奋忘我的辛勤劳动。只要青少年在学习上舍得花一点力气狠下功夫，就必定能够用辛勤劳动的汗水和智慧浇开芳香的理想之花，获得真才实学。

§辛勤耕耘，必会成功

"勤能补拙是良训，一分辛苦一分才。"只有勤奋、上进，才会取得成绩。因此，我们在以后的学习中，都应该勤奋、努力，这样才会取得好的成绩！

一些有成就的人，都是勤奋者，勤奋是成才必要条件。成功要勤劳，也要有卓越的创造力和想象力，还要有突出的聪明智慧，具有这些物质的人大部分都可以成功。勤奋就是要不懈地努力，要进行后天的培养，和不断地追求。这样的勤劳方式才能助我们不断向前攀登，创造财富。

鲁迅自幼聪颖勤奋，三味书屋是清末绍兴城里的一所著名的私塾，鲁迅12岁时到三味书屋跟随寿镜吾老师学习，在那里攻读诗书近五年。鲁迅的座位，在书房的东北角，他用的是一张硬木书桌。现在这张木桌还放在鲁迅纪念馆里。

鲁迅13岁时，他的祖父因科场案被逮捕入狱，父亲长期患病，家里越来越穷，他经常到当铺卖掉家里值钱的东西，然后再在药店给父亲买药。有一次，父亲病重，鲁迅一大早就去当铺和药店，回来时老师已经开始上课了。老师看到他迟到了，就生气地说："十几岁的学生，还睡懒觉，上课迟到。下次再迟到就别来了。”鲁迅听了，点点头，没有为自己做任何辩解，低着头默默回到自己的座位上。

第二天，他早早来到学校，在书桌右上角用刀刻了一个“早”字，心里暗暗地许下诺言：以后一定要早起，不能再迟到了。

以后的日子里，父亲的病更重了，鲁迅更频繁地到当铺去卖东西，然后到药店去买药，家里很多活都落在了鲁迅的肩上。他每天天不亮就早早起床，料理好家里的事情，然后再到当铺和药店，之后又急急忙忙地跑到私塾去上课。虽然家里的负担很重，可是他再也没有迟到过。在那些艰苦的日子里，每当他气喘吁吁地准时跑进私塾，看到课桌上的“早”字，他都会觉得开心，心想：“我又一次战胜了困难，又一次实现了自己的诺言。我一定加倍努力，做一个信守诺言的人。”

后来父亲去世了，鲁迅继续在三味书屋读书，那个曾经让鲁迅留下深刻记忆的三味书屋和那个刻着“早”字的课桌，一直激励着鲁迅在人生路上继续前进。

鲁迅的事迹告诉我们勤劳致富的道理，勤劳改变了历史。勤劳创造光辉灿烂的人类文明。辛勤的劳动，无论是农民的锄禾日当午，还是工人在机器旁的穿梭忙碌；无论是医生在手术台前的聚精会神，还是老师在讲台上的娓娓而谈，都是创造，都是奉献，都值得青少年致以深深的敬意和不断地学习。

§ 勤奋要加，懒惰要除

人们常说：“书中自有黄金屋”，就是说读书的乐趣即在于不时从中寻出宝来。学习要加，骄傲要减，机会要乘，懒惰要除——这样计算，自己的人生会过得更有意义。用数学的运算规则来概括人生的哲理，这无疑是一种极好的新方法。青少年杜绝懒惰的心理，辛勤耕耘，不断攀登，自立自强创造人生财富。

许多科学家，在成才的过程中身居恶劣的环境下，但通过勤劳和勇于克服困难的精神，他们终于取得了伟大的成就。马克思说过：“在科学的道路上没有平坦的大道可走，只有不畏艰辛和劳苦在崎岖小路上辛勤攀登的人，才有希望达到光辉的顶点。”他本人为了写《资本论》，就

曾经花费了40年的时间，在学习中勤奋地收集资料。

坚持不懈地辛勤劳动，自然是“苦”事，但这又是他们成功的必由之路。高尔基说过：“天才就是辛勤劳动，人的天赋就像火花，它既可以熄灭，也可以旺盛地燃烧起来。而使它们成为熊熊烈火的方法，那是辛勤地劳动。”这就是勤奋，勤奋是产生天才的根本原因。青少年要想成为天才，只有通过勤劳地学习，才可以做到。

勤劳的人最光荣，勤劳的人永远焕发着美丽动人的光彩。我们青少年不仅要尊重劳动人民，爱护劳动果实，还要养成勤劳的好习惯。“一年之计在于春，一生之计在于勤”。我们千万不能辜负了这人生的春天，要把一生的希望之花放在勤劳上。青少年要勤奋学习，努力进取，把我们中华民族辛勤劳动的传统美德传承下去，做生活的强者，不断攀登，成功总有一天属于我们。

8 勤于动脑，不要蛮干

作为青少年，在勤奋学习的同时，也要善于动脑。亨·詹姆斯曾经说：“思想就是力量，个性的力量感是无比的，两者结合在一起，人就能改变历史，创造未来。”思想就好比一双好腿脚，助我们成长、前进。

布莱希特曾说：思考是人类最大的乐趣。对于青少年来说，只学习而不思考，便不会知道书中的真正含义。古人云：“学而时习之”，就是告诉我们，要勤奋学习，也要善于动脑并时常地巩固和复习。爱迪生说：不下决心培养思考习惯的人，便失去了生活中最大的乐趣。说明思考是人生最大的乐趣。青少年应当相信，不了解的东西总是可以了解的，否则我们就不会再去思考。

§ 要学好，勤动脑

在社会快速发展的今天，我们不仅要学好，更重要的是要善于动脑，有自己的看法和见解，这样的学习方法才是正确的，而不要盲学。在学习中，青少年不要迷信老师和书本以及权威，要善于发现问题，提出问题，勇于解决问题，把自己培养成一个勤于思考、善于动脑的具有时代精神的人。否则，以后就会难以立足于社会，被社会所淘汰。

凡是对人类发展作出巨大贡献的伟大人物，都善于动脑。牛顿就是因为在进行试验时，善于动脑才取得了众多的发明和创造。

当牛顿费尽心血算出“万有引力定律”后，没有急于发表，而是继续孜孜不倦地深思了数年，研究了数年，埋头于数字计算之中，从未对任何人讲过一句。后来，牛顿的朋友，大天文学家哈雷（彗星的发现者），在证明一个关于行星轨道的规律遇到困难时，专程登门请教牛顿。牛顿把自己关于计算“万有引力”的书稿交给哈雷看。哈雷看后才知道他所要请教的问题，正是牛顿早已解决、早已算好了的问题，心里钦羡不已。

在一六八四年十一月的某一天，哈雷又到牛顿的寓所拜访。当谈到有关天文学的学术问题时，牛顿拿出写好的关于论证“万有引力”的论文，请哈雷提意见。哈雷看后，对这一巨著感到非常惊讶。他欣喜地对牛顿说：“这真是伟大的论证、伟大的著作！”他再三奉劝牛顿尽快发表这部伟大著作，以造福于人类。可是牛顿没有听信朋友的好意劝告，轻易地发表自己的著作，而是经过长时间的一丝不苟的反复思考、验证和计算，确认正确无误后，才于一六八七年七月将《自然哲学的数学原理》发表于世。

牛顿是个十分谦虚的人，从不自高自大。曾经有人问牛顿：“你获得成功的秘诀是什么？”牛顿回答说：“假如我有一点微小成就的话，没有其他秘诀，唯有勤奋而已。”他又说：“假如我看得远些，那是因为我站在巨人们的肩上，我善于动脑和思考。”这些话多么意味深长啊！它生动地道出牛顿获得巨大成就的奥妙所在，这就是在前人研究成果的基础上，以献身的精神，勤奋地创造，开辟出科学的新天地。

§勤于思考苦也乐

人们常说："勤能致富。"但是勤奋并不等于蛮干，也要讲求方法，只有方法适当，才能成功。一位哲人曾说过：这个世界不缺会干活的人，缺的是会思考的人。他的谆谆告诫激励着青少年要勤于思考。

古人云："学而不思则罔"，"行成于思，毁于随"。的确，如果对学到的知识、调查得到的情况不做深入思考，就难以留下深刻的烙印，最终收效甚微。贝费里齐在《科学研究的艺术》中讲过一个令人哭笑不得的试验：一位老师用手指蘸糖尿病人的尿样来尝味，然后让学生们都做一遍。学生们愁眉苦脸地照着做了，一致说尿样是甜的。这时老师说："我在教你们观察细节。谁观察得仔细，发现我伸进尿样的是拇指，舔的是食指？"学生们的失误就在于主观上的想当然，过分相信别人的经验，一没有认真观察，二没有深入思考。

青少年要充分理解思考的重要意义，蛮干使我们所做的都成为无用功。例如，这位记者就是一个很好的例子：他了解到一个情况，营区附近村里的一个小学生掉入水库，岸上好几十人观而不救。一名战士闻讯跑来跳入水中，冒着生命危险把学生救了上来。作者便不加思索写了篇200余字的消息，寄到报社，稿子很快登出来了。正当这位记者高兴时，一位战友的一篇《救救这些"落水者"》的长篇文章在一家大报的显要位置登了出来。这位记者很惭愧，也很佩服，当即登门请教。战友说："你的这种报道方法，是顺向思维，这样写出来的东西太普遍，也太浅，很难打动人。善于逆向思维，写出来的东西才会深刻。"这也有效地说明了善于思考的重要性。我们青少年在做事情时，也要善于思考，切不可蛮干。

其实，人与人之间的智商差异并不大，差距就在于看谁思考得多、思考得深、思考得对。自然，坐在那里默默沉思是一种思考，把自己的所读所想记述下来、表达出来，也是一种思考。长期思考下去，必有大的进步。青少年要在勤于动脑中创造自己的自强人生。

经过思考后得到的果实虽甜，但思考的过程却很苦。苦就苦在思考需要大量研究，掌握第一手资料，需要坚持不懈地总结积累经验，需要给自己不断“充电”。勤于动脑，不可蛮干，青少年要在学习中善于动脑，洛克威尔说：“真知灼见，首先来自多思善疑。”这充分说明了思考的重要意义。青少年在思考中成长吧，勤于动脑，任何事情都会变得简单；勤于动脑，让我们的人生更精彩；勤于动脑，让我们做生活的强者。

第九章

永不放弃，用坚持获得自强人生

“锲而舍之，朽木不折；锲而不舍，金石可镂。”这是一句大家都知道的古训。在充满挑战的现代社会，很多青少年稍遇控折就轻言放弃，最终也只能在不断放弃中自我迷失而一无所获。“精诚所至，金石为开。”只有坚持自己的选择，永不言弃，才能在生活的磨砺下变得更强。

1 自强的人，坚持与困难做斗争

在遇到困难时如果能坚持与困难做斗争，常常会获得新的成功。常言道："困难像弹簧，你强它就弱。"当青少年遇到困难时，只要毫不示弱，强劲的"弹簧"也会变得软弱。也就能在生活的历练中更加自强。

生活中我们遇到的困难不仅是敌人，也可以是良师益友。青少年时代的成长是需要磨炼的，它出现在我们身边，我们要静静地沉淀一下心绪，笑对失败，以一颗平静的心面对发生的一切。认真做人，踏实做事，终究会成功的。成功永远属于那些困难打不垮的人，属于战胜困难自强的人。

§与困难做斗争其乐无穷

世界上的事情没有什么是可悲的，上帝也没有对谁不公平，即使生活中发生一些对自己打击很大的事情，青少年也可以当作一种磨炼。只有这样的心态，才不会为了某件事情而沉沦，当你觉得很失落的时候，多往好的方面想想，在这件事情中，你会有什么收获。只要自强、自信、自立，就能够战胜生活中的困难。

有这样的一个故事，有一个农村家庭的男孩子，家里世代都是农民，过着面朝黄土背朝天的日子。父母也都没什么文化，他自小就很懂事，6岁时就已经能自己去村里的菜园买菜，帮妈妈编织挣钱。然而这一切并不是自然形成的。他的母亲有先天性心脏病，不能干重活，他就尽力为父母分担一些家里的负担。在艰苦的生活中他也养成了勤劳简朴、独立自强的好习惯。

他学习很刻苦，自小成绩就是很突出的。尤其是小学四年级，还考了全镇第一名，同时获得烟台市"希望之星"称号。那一次，父母很是高兴，那是他第一次看到父母那么快乐。当时他就下定决心一定要学习

更好，让父母的脸上有更多的笑容。

但是，在他上初中的时候，母亲的心脏病又一次发作了。县医院的诊断很严重，这对他本来就不宽裕的家境来说，真的是雪上加霜。尽管日子如此艰难，但为了他能够安心读书，父母仍做了最大努力。在这困难面前他没有低头，学习更刻苦了，也更加严格要求自己，终于考上了理想的高中，和家人一起坚持渡过了难关。

一分付出，一分收获。由于学习成绩优秀，他连续两年获得校综合一等奖学金、一等国家奖学金以及荣获“校三好优秀生”称号和院“十佳学子”称号，这一切的收获也都是同他在困难面前没有低头、艰苦地同困难斗争而取得的。

后来有人采访他，他说：“我感谢社会、国家、学校、村里和乡亲，还有我的父母，感谢所有关心和爱护我的人。我会更加努力使自己成才，早一天去回报社会，帮助那些需要帮助的人。即使遇到再大的困难和挫折，我也不会服输、不轻言放弃。我始终相信：同困难做斗争，其乐无穷！”是啊，自强的人在困难面前是不会退缩的。

§战胜困难

在生活中每个人都会碰到困难，小的困难和大的困难。但每个人面对困难的态度和方式都不一样，有人无视困难的存在，因为他把困难视作是人生路途中必经的路程；有的人却没等困难到来，便先有后顾之忧。有的人畏惧困难，在困难面前缩脚不前。若你在生活之中遇到困难，又会如何面对呢？

有这样一则很有启发意义的童话故事：在茫茫无垠的沙漠里，骆驼像个哲学家一样，一边踱着步子，一边沉思着。在沙漠里，没有水，没有草，有的时候还会是风沙漫天，难辨方向。坚韧不拔的骆驼总是能向前行走。

有一天，骆驼在沙漠里发现了一株仙人掌，很惊异地停步问道：“小家伙啊，你是怎么能够在这么恶劣的沙漠中生存的呢？”仙人掌笑着反问说：“嘻！大块头啊，那么你又怎么能在这沙漠中行走？”

骆驼回答道："我啊，因我能吃苦耐劳，经过长期的磨炼形成了适应沙漠生活的特殊习性和机能，所以我能在沙漠里行走。你又是怎么能够做到的呢？"

仙人掌说："我同你一样，都是因为经过长期的锻炼，养成了抗旱耐渴的习性，拥有了适应沙漠生活的特殊机能，所以能适应在沙漠中的生活。"骆驼又奇怪地发问道："你为什么身上长了这么多的刺？"

仙人掌笑着回答说："就是因为我满身生刺，才不会被动物吃掉。刺是我的叶子，这样的叶子不会使身体里储藏的水被蒸发掉，所以我在沙漠里不怕干旱，所以能够生存下来。"

骆驼听后认真地点了点头，带着敬意告别了仙人掌，向前走去，伴着沉思："不错，凡是能够在艰苦环境中生存下来的，都是经过无数次的磨炼，具有百折不挠、战胜一切的意志品质的。"

在青少年的日常生活中，当遇到这样或是那样的困难时，应怎么办呢？在这个小故事中，骆驼和仙人掌都是我们的好老师。它们指导我们，在遇到很大的困难时，要用顽强的意志去战胜困难，并且适应不良的环境，最终会渡过难关。在大自然里，这样的例子还有很多，如嫩绿的小草为了呼吸到地面的空气，能够用尽全力去推开很重的石头；又如河里的鱼儿为了寻找食物，常常逆着水流往上游。伟大的自然科学家达尔文曾说过这样的一句话——"适者生存"。它的意思是生物必须学会适应糟糕的环境才能生存下来。对于青少年来说，只有在困难面前永不退缩，克服艰难，才能使自己不断进步，才能在现实的生活当中有更好的发展。

青少年在生活中遇到的困难大大小小，各种各样。比如可能有时会缺钱花，可能会身体不好，或是会在学习中碰到很大的困难不能前进。但如果想一想骆驼和仙人掌在沙漠中遇到的困难，我们个人所遇到的困难又算什么呢？一定要通过自强不息的奋斗来战胜自己遇到的困难。

2 没有永远的失败，人生贵在坚持

青少年在成长和进步的路上总是有许多的困难与坎坷的。如果没有坚持，到哪里都会放弃。如果这一刻不去坚持，不管再到哪里，身后总有一步可以去退。可是青少年要懂得退一步不会海阔天空，那只会躲进自己的世界而已，使自己的世界越来越小。我们要时刻激励自己：没有永远的失败，再坚持一下就能走向成功。

每个人在生活中都经历过失败，在失败之中，每个人的内心都会无比痛苦，有的人会因为经受不了这种痛苦而丧失自我，更为悲观者则可能会因此而选择轻生。其实作为青少年没有必要去过分消极地对待自己的失败，而要选择一种积极的态度去面对失败。失败没有什么了不起，这是每个人必须经历的，只不过它有大小之别，但性质是一样的。成大事者哪个是一帆风顺的？所以我们应笑对人生，永远保持乐观的心态。无论跌倒过多少次，无论心里有多么痛苦，无论成功离我们有多远，我们始终坚信希望就在前方，只要我们自强地奋斗，相信梦想就在前方不远处！

§没有永远的失败

失败对每一个青少年来说都不陌生，只不过它在每一个人，每一件事，每一时间，每一地点上发生的概率有一些差别。有很多人在经历多次的失败后就会选择放弃，给自己留下了一生的遗憾；可是也有一部分的人一直都不放弃，自己做自己的主宰，用刻苦的自强奋斗去追求，去实现自己的梦想。

任何一个想要干成大事的人，都要能够坚持下去才能取得成功。因为没有永远的失败。一个人克服一点儿困难并不难，难的是能够持之以恒地坚持下去，一直到最后的成功。《简·爱》的作者曾说过：“人活着就是为了要含辛茹苦。人的一生必定会承受各种各样的压力，于是内心总是受煎熬，但这才是真实的人生。曾经的失败并不一定意味着永远的失败，曾经达不到的不是永远达不到。”没有永远的失败，在失败面前坚持一下，就会迎来成功的希望。

§有一种信念是永不放弃

永不放弃是对青少年的一种考验。花谢了还有再次盛开的时候，太阳落了还有再升起的时候，但一个人的信念崩溃了，就没有再重筑的时候。一旦你放弃了，就失去了第二次拥有它的机会。

有一种锲而不舍的精神叫作永不放弃。也就是说不经历风雨便不能见彩虹。如果小小的失败你都无法克服，在人生未来的征途中又怎能一展宏图呢？

每一个人的梦想都是绚丽的，而现实往往是残酷的，再美再绚丽的梦终归要回到现实中。但是作为青少年不能轻言放弃。放弃是一种懦弱，一种退缩，是对人生困难的一种逃避，也是对命运的屈服。不要哀叹生不逢时，一个人的可贵之处在于自强不息。成功不是偶然，同样失败也不是命运。永不放弃是积极的行动。人生道路上岂能尽如人意，但求无愧于心。生活并非希望般美好，可还是要活在现实中。面对着重重失败，不要放弃，人生的价值贵在坚持。

永不放弃是一个人成功的必要条件。世界上没有半途而废的成功者。只有坚持到底，永不放弃的人，才有可能抵达成功的彼岸。

决心成功的自强不息者没有永远的失败。只要你决心成功，所有的挫折和磨难，都是上帝对你的检验。我们都知道水滴石穿的道理，只要在奋斗的路上持之以恒，什么都可做到。青少年的字典里不应该有放弃、办不到、没法子、不可能、成问题、失败、行不通这类愚蠢的字眼。既然我们已经做出选择和决定，无论在未来遇到什么困难，我们都应做到：坚持下去。

成功是有很多面的，纵然一切的努力都没有取得成就，但只要青少

年在成长过程中人格得到发展，也是一种成功。凡事都必须靠各种因缘来成就，机缘往往不是一个人所能操控的，个人努力是主要原因，也会有一些其他外界的因素。因此在一帆风顺的时候不要得意忘形，一波三折的时候也无须灰心丧志。情况好的时候，不能没有警觉心、危机感；坏的时候也不要失去信心，因为没有永远的失败。作为青少年要从生活中吸取教训，自强奋斗以达成功的彼岸。

3 任何情况下都不放弃

人生的旅途中充满沼泽、荆棘，青少年追求的风景总是山重水复，不见柳暗花明。也许我们前行的步履总是沉重、蹒跚；也许我们需要在黑暗中摸索很长时间，才能寻找到光明。无论遇到多么艰难的情况，青少年心中都要有一个自强坚定的信念——不放弃。

伟大的发明家爱迪生，他曾长期埋头于一项发明。一位记者曾问他："先生，到目前为止，你的发明有过一万次失败，你对此有何感想？"爱迪生回答道："年轻人，因你人生的旅程才起步，所以我告诉你一个很有启发的答案。我没有失败过一万次，只是发现了有一万种行不通的方法。"这个事例说明了一个道理：失败继续坚持，自强不放弃，继续努力，你就能成功。

§不放弃是成功的基础

放弃就是没有毅力去坚持，没有勇气去面对惨淡的人生，放弃就代表自己没有做这件事的能力。所以说我们在任何情况下都不要去放弃。

青少年在成长的过程中需要坚持不懈的精神，然而坚持则需要忍耐，需要勇气，需要毅力。只有自强的人才能夺取胜利的桂冠，才能创造生命的奇迹。

每一个人的生活中都有两杯水，一杯是苦水，一杯是甜水，只不过不同的人喝甜水和喝苦水的次序不同。成功者都是先喝苦水，再喝甜水，而普通的人都是先喝甜水，再喝苦水。在通向成功的途中，拥有不放弃的品质是非常重要的，在面对挫折时，要告诉自己：要坚持，再来一次。因为这一次的失败已经成为过去，下次的成功刚刚开始。如果现在放弃，就一定不会获得下次的成功。

有句话说得好："不放弃的人无往而不胜。"所谓的不放弃，是指主动而不是被动，它是一种主导命运的积极力量，而不是向环境屈服。在通往成功的道路上，我们要保持不放弃的信念，凡事不要轻易地放弃。只要有一丝的希望，就应当去试试。也许在你坚持一下后，前面迎接你的就会是成功。

有一位大学教授说："事实上，美国人之所以能够成功，很大程度上是他们竭尽全力、毫不惧怕失败的结果。他们也曾经遭遇过失败，但是失败了从头再来，而他们坚韧的个性又增加了许多。"那种追根究底、不达目的绝不罢休的精神，正是他们最大的力量来源。不放弃是成功的磨刀石，学会了等待时机，离成功也就不远了。

要记住除非我们放弃，否则就不会被打垮。不要因失败而变成一位懦夫，而应像爱迪生那样，面对失败，面对挫折，奋勇向前。所以，从一定意义上说：不放弃是一种能力。不放弃可以令人保持冷静，并做出理智的思考；不放弃能让人在思想放松时保持克制，容忍原本所不能忍受的事情；在寻找成功的过程中，要有一份坚持下去，不达目的誓不罢休的决心。如此，你就具备了自强的重要品质——不放弃！

有这样一则小故事，有位姓何的老师在一次为美国人做翻译的时候，这个美国人说在座的90％以上的人不会成功，何老师没敢翻译。后来这个美国人又说了一句话何老师才明白，因为90％的人不能坚持；坚持的心态是在遇到坎坷的时候，反映出来的一种心态，而不是顺利的坚持。遇到瓶颈的时候还要坚持，直到突破瓶颈达到新的高峰。所以，坚持不懈不放弃的心态，是通向成功的唯一途径。

因此青少年在做任何事情时都要坚持到底，不能输给自己。成功者决不会放弃，放弃者绝不会成功。坚持到底，决不放弃，即使在最后一

秒钟也不能放弃。这是所有自强成功者必备的素质。

§放弃者不会成功，自强者永不放弃

有这样一则故事：鱼鹰是一位文弱书生，37岁的鱼鹰是年龄最大的一个登山选手，在攀爬海拔916米的仙人棋的时候，在没有看到一点希望和道路的情况下，他有很多次都想放弃。鱼鹰说，坚持与放弃，其实就是在一念之间。也就是在这个时候，队友伸出的一只手或是一声呼唤，就让他打消了放弃的念头。鱼鹰说，无论有多么苦多么累，多么艰难的情况下都要下决心坚持，不要放弃。

乔丹是美国伟大的篮球运动员，是众多篮球爱好者崇拜的偶像，他曾说过这样一句名言："我可以接受失败，但无法接受放弃。"这也正是他成功的秘诀之一。从这一句话中，我们可以看出乔丹是一个执着于追求的人，也只有这样他才能够实现自己的理想，在自强奋斗的路上不放弃，以达到自己追求的目标。

无数成功的例子都告诉我们这样一个道理：成功是需要坚持的，只有坚持，成功才不会离你太远。"不经历风雨，怎么见彩虹？"永不放弃的自强精神再一次告诉我们：不到最后一刻，就不能轻言放弃。对自强的人来说，坚持就是胜利！

大家都知道，在每个人的成长道路上，都会遇到这样或那样的困难，挫折与失败。所不同的是，有的人因为被困难吓倒，失去了前进的动力，放弃了追求；有的人因为受到了种种挫折，承受不了重负，而不能坚持到最后，以失败告终；而自强不息的人却能以坚定的信念，克服困难，承受挫折。很多时候，他们化失败为动力，认真分析造成失败的原因，吸取一次次的教训。他们抱着决不放弃的精神，接受痛苦的失败，向困难挑战，最后他们终于体验到了成功的喜悦。放弃者不会成功，自强者永不放弃。

成功在于坚持，这是一个并不神秘的秘诀。当有困难绊住你前进脚步的时候；当有失败挫伤你进取雄心的时候；当你觉得特别累

的时候，不要退缩，不要放弃，只要坚持下去，成功就会离你越来越近！

4 目标的花朵，我们要执着守护

成功的人与平庸的人的区别在于：成功者会有一个明确的目标、清晰的方向，并且自信心十足、勇往直前地走向前方；而平庸者却终日浑浑噩噩、优柔寡断，迈不开决定性的一步。要想取得成功就一定要殚精竭虑地安排自己的一生，为自己确定一个前进方向。狂风巨浪总是会有的，它也许会暂时迫使你离开自己的航道，但是守护好一个前进方向就不会再随波逐流、无目的地漂泊。

专注地守护好自己的每一个目标对青少年来说是很重要的。没有明确的目标，就像是无头苍蝇，摇摆不定，总是在做一些无用功，忙又有什么用呢？每天 24 小时，大家都在努力，结果却是天差地别。白龙马随唐僧步步朝西，十万八千里走了一个来回。虽然其他的马也都没有闲着，但终其一生，也没有千里之游。

§ 守护梦想

青少年要始终走在自己正确的方向上。一个人有了目标才会有奋斗的方向，有了一个坚定的目标才会在前进的路上少一些彷徨。

威廉每晚睡前都会认真看地图册。在他 11 岁那年，有一天，他无意间发现了地图上面标注的“长城”。那一刻他被触动了。他决定，这就是他以后一定要去的地方。

在此后的十几年里他一直刻苦学习、工作。一直到了 1986 年的夏天，威廉觉得准备得差不多了，便毅然辞去工作，不顾一切地来到中国。

他到达北京之后，终于实现了儿时的梦想。无比雄伟的长城在群山间蜿蜒，他被眼前的雄伟景象深深地震撼了，不禁感慨：长城真是人类历史上最令人叹为观止的建筑！在那一刻，坚持目标的他终于实现了自己的愿望，这一切与他一直辛苦守护目标是分不开的。

威廉的执着让人敬佩。生活中，确实有很多事情不能让人坚持下去，但是鼓起勇气执着地坚持下去，我们就会越来越接近自己的目标。因此在生活中，我们只有执着地守护自己的目标，才会更自强。

§执着于目标

只有执着于目标的人才会最终获得成功。执着是一种生活的姿态，是一种要成功的霸气，是一个人走向成功的途径。

有一个叫邱征的人喜好养兰花，但很少见他去卖，很多人都感到很奇怪。

他是很地道的一个农民，20世纪90年代，他栽种了较为名贵的传统品种“银杆素”和“西蜀道光”。1992年以后，兰花价格飞涨，“西蜀道光”每株卖到了三万元。邱征在涨价高潮中非常惜售，只卖了少量的兰花，他非常固执地认为“卖完了我吃啥？”而其他的“投机分子”在高价的诱惑下，将为数不多的兰花全部卖掉了，赚了几十万元，兴奋得不得了。过了不久，兰花价格开始下滑，到1994年，“西蜀道光”只卖到每株二千元。很多人都开始嘲笑邱征，说他太贪心，想卖高价，结果什么都得不到；说他市场信息不敏感，反应慢，被套了，还有的说农民都是不能成大事的料。

一晃十多年过去了，这十多年其他人都换着做了好几种生意，有的赔了，有的赚了，有悲有喜。前年，兰花价格又开始升温，而且全国各地先后成立了兰花协会，政府出面将其作为地方经济的一种产业来支持，势头很好。

当年养兰花的伙伴们应邀去参加一个县的兰花协会成立大会。走进会堂，坐下后，不一会儿，他们同时发现那位固执的老农民竟然坐在主席台贵宾席上，胸前戴了鲜艳的花，难道历史真的变了？台下的人你望我我望你。会后他们了解到邱征这十几年埋头在家种兰花，又建了温室，兰花数目以几何级数速度增加。他还是一直没有卖过，到现在他已是拥有几万株“西蜀道光”的大园主了，并且“西蜀道光”的价格已回、升到每株五千元左右。由于基数大，每年他仅卖新发芽的兰花就能净赚一百多万，成了当地的大户。他说这一切都是他能执着守护自己最初目标的缘故。

这个故事告诉青少年：对目标要看得深；对目标要看得远；对目标要看得久。有恒志者定成功，自强执着守护目标的人才能成功。

青少年可以想象一张足够大的纸，折叠51次，厚度能够超过地球到太阳的距离。但是，如果把51张纸叠放在一起，将什么都不是。自强的人执着于目标，并用行动实现目标。

5 朝三暮四，难成正果

有的青少年今天做这个，明天做那个，哪怕将学习和爱好都做得非常出色，对你整个人生来说，也不过是简单的履历叠加而已。而一生认定一个目标，坚定地朝梦想努力下去，你的人生将自强成功。

朝三暮四，就是没有恒心，不能长期坚持学习。任何技能的熟练都要有一个过程，在这个过程中会遇到各种困难，但不能向困难低头，要坚持不懈地反复学习，持之以恒，最终走向成功。

§ 自强之路切忌朝三暮四

青少年在学习上，要想有些成就，就不能“朝三暮四”。有很多的成才之路，但真正达到预期目标、学有所成的人，往往并不多。一个很重要的原

因就是有的人常犯“朝三暮四”的毛病。开始时雄心勃勃，可没坚持几天，就找出种种理由放松学习，有时甚至将原来的目标忘得一干二净，这样肯定不会得到好的收获。

战国时代百家争鸣，游说之风十分盛行。一般游说之士，不但有高深的学问、丰富的知识，而且能以深刻生动的比喻，来讽劝执政者。孟子是当时一个著名辩士，关于他有这样一段记载：

孟子对齐王做事没有常性、昏庸、轻信奸佞谗言极为不满，便对他直言：“大王，你也太不明智了，天下虽有生命力很强的生物，可是你把它在阳光下晒了一天，又放在阴寒的地方冻了十天，它哪里还活得成呢！我跟大王在一起的时间是比较短的，大王即使有了从善的决心，可是我一离开你，那些奸臣又来哄骗你，你又会去听信他们的话，叫我怎么办呢？”接着，他便打了一个生动恰当的比喻：“下围棋看起来是件小事，但假使你不专心致志，也同样会学不好，下不赢。奕秋是咱们全国最善下棋的能手，他教了两个徒弟，有一个专心致志，处处听奕秋的指导；另一个却老是想着有大天鹅飞来，准备用箭射鹅。两个徒弟是一个师傅教的，一起学的，然而后者的成绩却差得很。这不是他们的智力有什么区别，只是专心的程度不一样啊。”

可见，学习一样东西、做好一件事情，是非专心致志、下苦功夫不可的。若“朝三暮四”是绝对不可以的。若青少年对于求学很是随便，学习的时间少，荒废的时间多，又怎么能学到知识呢？

在学习过程中，注意力起着非常重要的作用。有位专家说：“注意力是学习的窗口，没有它，知识的阳光就照射不进来。”对青少年的学习来说，注意力的好坏也是至关重要的。只要专注于学习中应该做的每一件事情，全心全意，专心致志，就一定能实现自己的目标。

青少年在学习的时候，一定要专心。唯有心无二用，才可以不削足适履。一个人不能一身试骑两匹马，只有你选一择二，全心全意地骑千里马，才会心安理得。趾高气扬的人总是干一行埋怨一行，可是往往被毫无益处的事情弄得筋疲力尽、功亏一篑；之后惊慌万分，懊悔当初。所以，任何人如果浅尝辄止，都将是一事无成，没有持之以恒，始终如一的专注，就不能博闻强记。学习不能虎头蛇尾，必须处之泰然，一如既往。事实上，一个人能做到专心，不朝三暮四是难能可贵的。

§ 不朝三暮四，修成正果

一个人不能骑两匹马，骑上这匹，就要丢掉那匹。聪明人会把分散精力的要求置之度外，只专心致志地去学一门。

——歌德

一年的冬天，美国一位退休的上校在一条马路边开了一家很小的炸鸡店。他本钱不大，租不起好的门面，也请不起帮手，店里店外就只有他一个人，客人也总是稀稀拉拉的，许多邻居都等着看他关门歇业的一天。这位退休的老上校却不顾人们对他的冷嘲热讽，风雨无阻地开门经营他的生意。哪怕只有一个人来吃他的炸鸡腿，他也觉得这一天没有白过，也会倍感快乐。很多人对他说：别折腾了，早该歇歇了，你这一把年纪，也该歇一下了，别干了。

老上校对这样的话充耳不闻，他相信自己花了十几年研究出的炸鸡配方完美无缺，人们会喜爱他的炸鸡口味。他于是下定决心到纽约去，到那个繁华的大都会出售他的炸鸡配方，找投资人来开设他的炸鸡店。他想，好的东西总会有人慧眼识珠，只要他自己不轻言放弃就能成功。终于，一直到三年后的一天，在他被拒绝一千多次后，一个商人看中了他的炸鸡配方，决定投资与他合作开店。这家新开设的炸鸡店在纽约一炮打响，很快，食客如云，这种炸鸡以星火燎原之势，将连锁店开到了世界各地。

大家都知道这份美味的炸鸡叫肯德基，这位老上校就是肯德基的创始人。他成功的故事告诉我们，没有永远的失败，也没有永远的黑暗，所谓失败就是自己的朝三暮四，黑暗只是成功前的必经阶段。所以青少年朋友在生活中不要朝三暮四，自强的人坚持下去就能成功。

如果一个人只看得见眼前的利益，得到的只会是短暂的欢愉；而当一个人目标高远，并把理想和现实有机结合起来，他就会成为一个成功之人。生活学习中不要朝三暮四是一个简单的道理，却可以给青少年意

味深长的人生启示。

6 关注细节，坚持到底

细微之处可以体现一个人的礼貌与睿智，所以，青少年在日常的生活当中要时刻注重自己的言行举止。要知道：你所说的一句话就可能得罪别人，一个举动就可能会导致自己的失败，而自强的人是坚持做好每个细节的人。

每个人都知道，“天下难事，必做于易；天下大事，必做于细”的道理。它精辟地指出了想成就一番事业，必须从简单的小事情做起，从细微之处人手。而我们现实生活里，人们更多地去关注宏伟目标，对身边的小事细节，都因觉得难以体现自己的价值而不屑去关注。每个人如果都觉得自己是做大事的，而不去做小事，不去关注细节，那么，人们是不可能走向成功的。

§注重细节

细节存在于我们成长过程的每个方面，青少年在成长的道路上，只有关注小事，慎重对待大事，才能让你的生活与学习更有意义。

有这样一则关于细节的小故事：小陈在参加招聘会的那天早上，不慎碰翻了水杯，将放在桌上的简历打湿了。为尽快赶到应聘会场，小陈只是将简历简单晾了一下，便把它和其他的东西一起匆匆塞进背包，出门去了。到了招聘现场，小陈看中了一家深圳房地产公司的广告策划主管岗位。按照这家企业的要求，招聘人员需先与应聘者简单交谈，再收个人简历，被收简历的人将会得到一个面试的机会。

招聘负责人问了小陈三个问题后，就向他要简历。小陈受宠若惊地掏出简历，可是简历上不光有一大片水渍，并且因放在包里一揉，再加

上钥匙等东西的划痕，已经有点不成样子了。小陈努力把它弄平整，递了过去。那份折皱的简历被招聘人员夹在一叠整洁的简历里，显得非常刺眼。

几天之后，小陈去参加了面试。所有的测试，他都完成得不错。身为学校戏剧社骨干社员的他，还即兴表演了一段小品，赢得面试负责人的啧啧称赞。当他结束面试走出办公室的时候，一位负责人告诉他："你是很出色的一个人。"

让他感到奇怪的是，面试过去一周后，小陈一直没有得到回复。他急了，忍不住打电话向负责人询问情况。负责人告诉他："其实我们招聘负责人对你是很满意的，但你败在了简历上。老总说，一个连简历都保管不好的人，是管理不好一个部门的。你也知道，简历所代表的是你的个人形象。将一份凌乱的简历投给公司，有失严谨。"

从此以后，小陈变得谨慎起来。他深切感到决定人生成败的，有时只是一个小细节。小事不能小看，细节方显魅力。以认真的态度做好生活中的每一件小事，以责任心对待每一个细节，才会不断地自我完善，才能在平凡的生活中实现更多的价值。

§ 将细节坚持到底

做事的时候忽视细节，是生活中很多人都会犯的错误，这些细节往往是一个人一生成败的关键。忽视小细节会让人失去大的机会，忽视小细节只会让人平庸一辈子。因此，欲成大事者要拘于小节，小节是人一生中最基本的组成部分。聚集细节，必能升华你的人生，使你的生活更加精彩。

中国古代就有"一屋不扫，何以扫天下"的古训，还有"千里之堤，溃于蚁穴"的典故，这些都是告诉人们在日常生活当中要注重细节。

很多人欣赏"不拘小节"的大丈夫风尚，但在现代学习生活里，这个词却渐渐成为贬义词。作为青少年，立大志，干大事，精神固然可嘉，但也只有脚踏实地从小事做起，从点滴做起，心思细致，注意抓住细节，才能形成做大事所必需的品质。

青少年一定要做一个守规则、知礼仪的人。行为符合规范，才能安身立命。整洁的仪表、优雅的举止，良好的修养是一个现代文明公民的必要条件，也是一个人道德的外在表现形式。因此，青少年一定要做一个守规则的人；要知书达理，做一个讲文明的人；细小之处不可随便，做一个重视细节的人，成为一个自强的人。

青少年一定要做一个自立自强、不甘落后的人。陶行知曾说过"流自己的汗，吃自己的饭，自己的事情自己干，靠天、靠地、靠人、靠祖上，不算是好汉"。作为青少年虽然经济上我们还不能独立，但有些东西我们可以自己控制，自己事情自己干。我们要克服娇生惯养、依赖父母的不良思想，做到生活上自理、学习上自主、行为上自律、人格上自尊。只要重视这些生活的细节，就能做一个自立自强、勇于进取的人。

俗话说得好：春种秋收，愿所有的青少年能同心同德，努力耕耘，通过大家的自强奋斗与努力在这个欣欣向荣的季节里结出累累的硕果。执着地做好生活中的每个细节，定然会学有所成，前程锦绣灿烂！

7 坚持！挫折在，机遇在

坚持是青少年前进的一种力量，可以收到令人意想不到的变化和结果。青少年想要成功，必须要学会坚持，坚持自己的想法和行为。只要在挫折面前坚持一下，我们就可遇到机遇，使自己走得更远。

人的生活中总是有时风平浪静，有时安稳闲适，有时又波浪滔天，惊心动魄。但是青少年也别忘了，生命中总该有种坚持。有一种鸟只在雨中歌唱；有一些花总在月光下开放；有一些鱼总在优雅中遨游；有一

种心境总在坚持中闪光。年轻的生命中若没有坚持，就不会有成功的机会。

§ 坚持可以让我们拥有机会

在挫折面前坚持一下，机会就在你的脚下。2008年5月12日，我国汶川发生了8级大地震，造成很大伤亡。当时国家派出了很多救援部队，然而被阻断的山路却似乎切断了生命呼救的希望。在无情的灾难面前，人的生命显得那么脆弱。在当时的情况下，每一分每一秒的流逝，也许就意味着多一个生命的消逝。因此争取时间救人迫在眉睫。然而，山区险恶的条件、中断的通信等因素，使得救援行动遭受极其严峻的挑战。但所有人都存有一个坚定的信念：人的生命高于一切。最后，干部、群众、部队官兵一起携手，不屈不挠，艰苦奋战，给受困的人们带来了生存的希望。

坚持具有一种伟大的力量，“滴水穿石，铁棒成针”。坚持可以改变际遇，改变青少年未来的生活。坚持是一种执着，是一种信念，是一种奋斗，更是一种思想上的美丽。坚持，不是片刻的执着，一个人想要成功，就需要不畏艰难地长久坚持。

四川的地震中，有很多因坚持而使生命死而还生的例子。瑶瑶的还生就是一个非常好的例子：瑶瑶是北川中学一名普通的女学生。5月12日的灾难，将全班60名同学深埋地下。随着时间的推移，同学们相继死去，60名同学只剩下了几个，瑶瑶的身边就是同学的尸体。剩下的同学互相说着话，希望用这种方式赶走对死的恐惧。然而，50个小时过去后，他们只幸存了4个人。地震后她与同学都被压在地下，身体不能动，但是他们互相说着话，尽可能地给对方以安慰，让大家都坚持下去，坚持到最后时刻，拥有了生还的机会。

人会在何时何地遭遇何种艰难是不能预测的，然而一旦遭遇了，只要坚持下去，奇迹总是会出现的。与命运抗争的本身，以及在抗争中给自己和周围的人以希望、勇气和力量的过程，也是生命的一个奇迹、人生的一种意义所在。所以，青少年朋友，在困难面前要坚定地坚持下去。

§成功源于坚持

凡是成就了大事业的人，他们中没有一个是凭着一时的侥幸、一两天的心血来潮而取得如此大的成就的。他们当中每一个人都是在一天天扎扎实实、勤勤恳恳的付出中让自己最终驶向了成功的彼岸的。青少年要明白：干什么都不可能一蹴而就，只有在每一次挫折中坚持，才能把握到机会，走向成功。

历史上有许多这样的故事：屈原被逐放，仍能创《离骚》；司马迁受宫刑之辱，仍能作《史记》；越王勾践卧薪尝胆终于洗雪国耻。他们都是因为在挫折中坚持才成功的，他们一直在困境中给自己寻找机会。所以一切成功源于坚持。干什么事情都不是一蹴而就的，只有你认真地对待每一天、每一件事，才能拥有机遇，以取得成就。

著名的作家兼教授西华·莱德先生，在谈到他自己写作的心态时说道："当我推掉其他工作，开始写一本25万字的书时，心一直定不下，我差点放弃一直引以为荣的教授尊严，也就是说几乎想不开。于是，我强迫自己只去想下一个段落怎么写，渐渐地在这个坚持的过程中寻找到了写作的感觉。"所以，在挫折面前坚持是成功的重要因素。

很多的青少年都看过一部叫《肖申克的救赎》的经典影片。《肖申克的救赎》中最让人难以忘怀的是这样的一个场景：一把小锤子，20年如一日坚持不懈地挖掘，坚持不懈地努力，使安迪创造了越狱的奇迹。所以，坚持就是安迪成功越狱的奥秘所在。自由与希望靠的不是上帝的恩赐，而是自己永不放弃的坚持。在安迪之前，不知道有多少人也曾经尝试过，但无一例外都因为不能持之以恒，不能在挫折中等待机会而失败了。

每一位青少年在生活中都应该做到有目标、有毅力、有理想、有方法，要不怕困难、不怕寂寞、不怕挫折，永不言败。只要我们在挫折面前坚持不懈地努力，就一定能取得成功。要记住：好的生活习惯、好的学习习惯、好的学习方法一定要坚持到底！这样，在生命的征途中才能把握机遇。

约翰生曾说过这样的话：成大事不在于人力量的大小，而在于能在挫折中坚持。天才的个性就是在困难中坚持寻找机会。古往今来无数的成功者都证明了这一真理。在日常的生活学习过程中，每个青少年都是怀着成功的愿望，同样的信念，然而，最终有的人成功了，他们的理想变成了现实，有的却半途而废。为什么会有这样的差别呢？原因就在面对挫折时的“坚持”上。机遇常常潜伏在挫折中，作为青少年不要忘记坚持。

青少年无论做什么事情，都会遇到意想不到的新情况、新问题，乃至新障碍。即使你做的一切非常有益，但仍然可能遭到别人的嫉妒、歪曲、贬斥；在人生的道路上你也许会有彷徨、迷茫乃至屈辱；还会有种种不受欢迎、不如意、不被认同；等等，但只要你的方向正确，面前的挫折算不了什么，在坚持中寻找希望就会获得成功！

8 在坚持中超越自我

世界上没有什么能够代替坚持的品质，人的意志的较量都是坚持的较量。坚持作为一种超越自我的精神力量，需要青少年正确地去挖掘、开发、利用。选择对的，坚持有意义的，才符合社会发展需要，才有利于自我价值的实现。生命有尽头，但我们人生的追求永远没有尽头；挖掘坚持，超越自我才能使生命更加有质量。

成功者与平庸者的区别在于：成功者始终有一个明确的目标、清晰的方向，并且自信心十足、勇往直前地走向前方；而平庸者却是终日浑浑噩噩、优柔寡断，迈不开决定性的一步，无法超越自我。

§坚持不止

在人生漫长的道路上，很少有人会一举成功。即便是在经历几次正常的失败后，也不是每个人都能坚持到底，朝着自己的理想与目标继续奋斗的。人的一生从“昨夜西风凋碧树，独上高楼，望尽天涯路”，到“衣带渐宽终不悔，为伊消得人憔悴”，再到“众里寻她千百度，蓦然回首，那人却在灯火阑珊处”，都应该去坚持，唯有此，才能发掘出生命的巨大潜力，才能超越自我。

有一个很好的例子来自巴尔扎克。法国大文豪巴尔扎克曾不顾家人的反对，立志从事文学创作。然而在刚开始创作失败后，为了维持家庭的生活，他毅然投笔从商。他从事出版业受尽人家的欺骗，很快就失败了。接着他又改行当上了印刷厂的老板。可不管他如何考虑，还是觉。得自己从事文学创作比较有把握。于是他再次走进自己的作坊，夜以继日地工作。经过刻苦坚持，终于，他超越了自我，在文学上取得巨大的成功，成为世界文坛上一流的文学大师。

事实上，成功并没有秘诀，贵在坚持不懈。任何一项伟大的事业，成于坚持不懈，毁于半途而废。其实，世间最容易的事是坚持，最难的，也是坚持。说它容易，是因为只要愿意，人人都能做到；说它难，是因为能真正坚持下来的，终究只是少数人。巴斯德曾说过一句名言：“告诉你使我达到目标的奥秘吧，我唯一的力量就是我的坚持精神。”

§坚持不懈，超越自我

史美尔斯曾说过这样一句话：“一个没有原则和没有意志的人，就像一艘没有舵和罗盘的船一样，他会随着风的变化而随时改变自己的方向。”做一个意志坚定的人，在生活中坚持奋斗才能获得成功。

愚公移山的故事所有的青少年都不陌生。愚公为了排除险阻，打开通道，率领全家搬走太行、王屋两座大山。这是一件很大而且艰巨的工程，在有的人看来甚至是难以想象的。但是，愚公胸怀大志，不被困难吓倒。在坚持中总是能战胜困难，超越自我的。

曾经有一个人，经历了很多次失败的打击后，想结束自己的追求。这时，有人告诉他，有一位智者掌握着成功的秘诀，他便找到了那位智者。

智者见他一副痛苦的样子，就漫不经心地抬手’指示：“那边悬崖上有一丛草莓，如果你去给我采下来，我便告诉你如何得到你想得到的。”

那座山并不是很高，却极其陡峭。那小红灯笼似的草莓，看上去是那么难以触及。

但是他鼓起勇气，还是按照智者的话去做了。但是，他还没爬到山的三分之一时，就力竭而返了。抚着酸痛的四肢，在朦胧月色里，他依稀看见了远处的草莓。第二天，他开始了第二次的攀登，并且成功了。

他拿着草莓去找大师：“大师，现在你可以告诉我成功的秘诀了吧！”智者将草莓放到口中，笑着说：“很甜哪！”然后说，你能取到草莓不就是已经成功了吗。

他这才恍然大悟，原来成功就是采到了悬崖上的草莓，只要你向着目标迈进，锲而不舍，就能把它采到手。而这个故事也说明，只要坚持下去，入就能够超越自己，取得成功。

作为青少年，不管做什么事，不管遇到怎样的艰险，一定要有坚韧不拔的决心，并且充满必胜的信心，踏踏实实、坚持不懈地努力做下去。只有这样，才能够战胜一切困难，超越自己，把理想变为现实。

古往今来那些想成大事的人，必定是那些意志坚定的人。因为意志坚定的人对工作会有坚定的信心，他相信能够从事眼前的工作，他相信能够应付眼前的阻碍，他相信能够改变眼前的困境。他具备随时面对困境的坚定意志，而这又促使他轻视阻碍，使他嘲笑向他招手的不幸，使他充满走向成功的希望和力量。

果戈理曾经说过，在没有开始履行自己的使命以前，要有钢铁般的意志和耐心，不要害怕险峻、漫长的几乎没有尽头的阶梯。

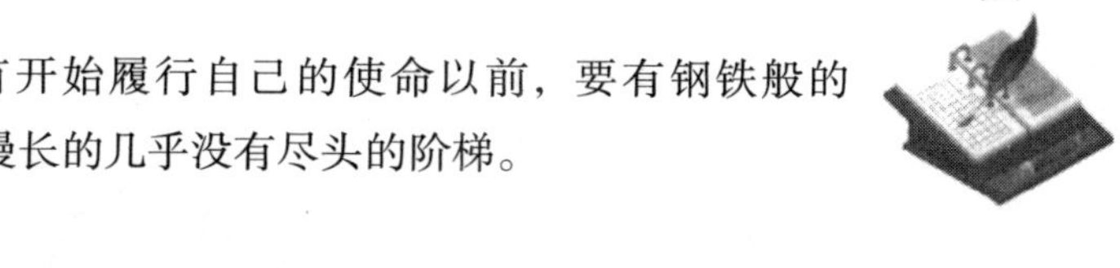

小提示

青少年要知道，在这个世界上，成功之神也只为两种人开辟大路：一种是有坚定意志的人，另一种是不畏惧险阻的人。的确，一个意志坚定的人，是不会畏惧艰难的。尽管前面有阻止他的障碍物，但他仍不会有丝毫的退却，他会想办法排除障碍物，超越自我，然后继续前进。跌倒也好，前路迷茫也罢，只要他做好了前进的准备，就没有什么能阻止他前进的脚步。所以，人应该锤炼自己的思想，使自己具有坚定的意志。如果一个人在这方面很软弱，那么，他做任何事都可能因一时的阻碍导致半途而废，只能留下终身的遗憾。

第十章

完善自我，用品格成就自强人生

良好的品格是人生的指南针。学会自尊、自强、节俭、忍耐等优秀品格，可以让你变成一个受欢迎的人，同时，它也会让你的生活更充实、更有色彩，你的未来，也必将因为你优异的品格而步入坦途，并一步步变得更强！

1 节俭——为人生积累财富

不经历风雨，不可能见彩虹。没经历苦难，怎能知感恩。青少年只有明白钱是从哪里来的，有了钱应该怎么花，钱的价值在哪里，才能对理财有一个全面的认识，只有这样我们才会更加珍惜这些来之不易的劳动所得。学会节俭理财，你就会在将来的生活中积累财富。

理财在任何时候都是生活中一个很重要的话题。在经济飞速发展的今天，理财有着不可估量的作用。放眼望去，拥有巨额财富的人无一不是理财高手。对于还不用劳动就会有大把零花钱的青少年来说，让自己快速拥有节俭理财能力，显得刻不容缓。有人说过，现在的孩子缺的不是钱，而是对钱的驾驭能力。青少年懂得赚钱的不易和花钱的节约，才能让他们更适应现代的经济生活。

§ 学会节俭，学会积累自己的财富

节俭是每个青少年生活中必不可少的内容。不同的收入、受教育的背景、年龄和家庭状况，都会影响青少年节俭品格的形成。据调查，中国90%以上的青少年存在着高消费、乱消费、不懂得节俭的问题。

节俭是中华民族的传统美德，也是每个具有完美品格的青少年所必备的素质之一，它直接关系到青少年未来的发展和幸福。如果忽视这一点，青少年在以后的生活道路上就会显得被动。

世界上第一个拥有10亿元财富的是美国富豪洛克菲勒家族。尽管他们富甲天下，但从不在金钱上放任孩子。这从其家族中流传着的“14条洛氏零用钱备忘录”就略见一斑了。这个“备忘录”是约翰洛克菲勒三世小时候与父亲约法三章所提出的，那时，父亲在经济上已显得很“吝啬”：每周给零花钱1美元50美分，最高不得超过每周2美元。且每周核对账目，要他们记清楚每笔支出的用途，领钱时交家长审查。钱

账要清楚，且用途要正当，这样可以在下周增发10美分，反之则减。由此可见，父亲对孩子的零用钱的使用要求很严格。

洛克菲勒一共有五个孩子，他也采用了同样的方法，当他们七岁的时候，他就开始向他们灌输如何对待“金钱”的观念。他从来不主动给孩子们钱花，如果有需要，就自己去“挣钱”。这样，孩子们从父母那儿得不到多少钱。父亲还曾经亲自教儿子们缝补衣服，并告诉他们，烹饪和缝补之类的事应该不只是妇女去干，劳动是不分男女的。

家产万贯的洛克菲勒家族，为什么如此苛责孩子呢？原因正像洛克菲勒所说的：“我要他们懂得金钱的价值，不要糟蹋它。”节俭是一个人一生之中最重要的品质。

青少年要节俭和理财，这不是要把青少年培养成一个金钱至上的拜金主义者，而是在理财教育的过程中，通过对青少年进行钱文化的熏陶，对使用钱的行为进行规范，使他们在“钱能生钱”的道理中学会储蓄，在“挣钱不易”的教化中学会节俭，在“大手花钱”的反思中懂得理性消费。让青少年从小学会正确对待金钱、运用金钱，学会价值判断和提高道德尺度，对青少年以后积累人生财富是大有裨益的。

§正确看待金钱，拥有人生价值观

正确对待金钱这个问题，在青少年的成长过程中十分重要。尤其是随着市场经济的发展，商品交换日益频繁，金钱在经济生活中的作用日益显著。此外，随着经济不断发展，生活水平不断提高，新一代青少年有更多的机会与金钱打交道。因此，对这一问题进行探究，可以避免他们陷入拜金主义，从而树立正确的金钱观。

有这样一个真实的故事：贺菲在某中学读书，她家境富裕，父母对她甚是疼爱，除隔三岔五为她买名牌衣服外，每月至少还要给她五六百元零花钱。她的零花钱是这样开销的：打电话或发短信跟朋友聊天，参加电台短信互动节目，话费月支出近200元；买书籍和CD等，月支出200多元；周末和同学打网球等，至少花费100元；偶尔宴请同学“搓一顿”，百八十元等，如此下来，不时还得到爷爷、外公那里去要点。

时下高消费的青少年又何止贺菲一个。现代商家诱人的折扣，让青少年们应接不暇。一身名牌和胸前挂手机的学生们，他们拥有价格不菲的文具，新款的MP4。所有的高科技与现代化相结合，在他们身上体现得淋漓尽致。然而，有意思的是这些学生当中，大部分人的成绩都没有他们的衣服与手机漂亮。校园内外有的青少年打着手机，有的发着短信，纷纷邀约朋友小聚。随便打听一下手机费用的情况，高的每月150多元，少的也不下五六十元。这样的现象真让人不禁叹息。

很多青少年没钱就向父母伸手，从不考虑父母的艰难和赚钱的艰辛，自食其力意识更无从谈起。青少年是祖国的希望，父母的希望，如果连生活开支都不懂得节制，将来又有什么成功而言呢？

在现代的社会，家长对孩子节俭和理财的教育刻不容缓。在美国，有钱人家同样鼓励孩子自己挣钱支付保险费用或是部分学习费用等，绝大多数18岁以上的孩子都是依靠自己挣钱去读书。孩子自己也认为长这么大还伸手向父母要钱很不光彩，尽量做到经济上独立自强，独立面对生活里的很多困难。

2 尊重他人，才能得到尊重

英国历史学家汤因比曾经说过：“人要想对自己的尊严有所觉悟，就必须谦虚。的确，人性是有尊严的，但这样说还是不甚明确，也是不完整的。说人是有尊严的，这只限于没有私心的、利他的、富于怜悯的、有感情的、肯为其他生物和宇宙献身的这种情况。”

在人与人的交流中，我们对待他人的态度往往决定了别人对我们的态度，就像一个人站在镜子前，你笑，镜子里的人也在笑；你哭，镜子里人也在哭；你皱眉，镜子里的人也在皱眉……所以，要想别人尊重自己，首

先要尊重他人。一个不尊重他人的人，是绝对不会得到他人的尊重的。

尊重他人不仅仅是一种态度，也是一种能力和美德，它需要设身处地为他人着想，给别人面子，维护他人的尊严。作为21世纪的青少年，你们才是这种爱心与品质的传承者。

§请学会尊重他人

尊重自己是人生的一道底线，是人生的一个亮点，自尊无价。然而尊重他人是人生的一门学问，是人生的一片风景；尊人优雅。尊重他人是每一个青少年应该具备的思想道德品质之一。

每天早上坐地铁上班，走出地铁口时，总能看到一张熟悉的面孔——卖报人。每次小莉经过这里都要买一份当天的报纸，当她把买报的钱交给卖报人的时候，卖报人也将报纸交给小莉，并对她说声："谢谢！"小莉便抬头望了卖报人一眼，对他说句"客气什么"，然后匆匆去上班。走在路上，小莉思索了很久，那个卖报的人，看起来也有50多岁了，想必他的家境不是很好，要是好的话又怎么可能在这样寒冷的早晨在街头卖报呢？小莉猜想，他出来卖报肯定是家庭所迫，要么是为了正在读书的孩子，要么是……尽管没有他的确切消息，但他还是引起了小莉的注意。是什么原因能让一个平时只忙碌于工作、家人、朋友的人去关心起这位普通得不能再普通的人呢？源头就是那句"谢谢"。

日常生活中，像这样讲"谢谢"的人有很多，不过我们在对待他们时，是否以诚相待呢？我们是否回礼说了声"不客气"呢？有的青少年认为，他们对自己讲的"谢谢"就是理所当然的，就像父母对我们的爱一样是天经地义的。在不知不觉中，有一部分的青少年朋友失去了做人的基本礼貌，长此以往又怎么能将更多地关怀赋予更多的人？人与人之间的交流，其实都应建立在真诚与尊重的基础上。人唯有尊重他人，才能尊重自己，才能赢得他人对自己的尊重。

青少年朋友在与他人沟通时，千万不要伤害对方的自尊心，否则，受损失的一定是你自己。俗话说：得人一尺，敬人一丈。意思就是说只有学会尊重别人，别人才会加倍地尊重你。如果你想处处得到别人的尊重，那么，你就先从学会尊重别人开始。生活中，时刻尊重他人，关爱他人，生命就将充满爱，充满和谐，充满欢声笑语。

§平等与他人沟通，乃是尊重之本

有一个小男孩叫小飞，他年幼时天真可爱、聪颖早慧，长得像杨柳青年画上那个骑着鲤鱼的胖孩子。不幸的是在他3岁那年，一场车祸使他的左腿残废了。每当小飞一瘸一拐地进入校园时，迎接他的却是嘲笑和捉弄。童年里伴随他的只有孤独和忧伤。小飞眼里常常流着泪，心里有一股强烈的欲望："只要谁看得起我，对我好，让我干什么都行！"15岁那年，小飞因为治疗而失学在家，这时，孤独和寂寞又无情地将他包围。渴望得到尊重的他，简直像要发疯了。就在这个时候，邻居俊俊给他带来了友情和温暖。从此，他在友谊的呵护中成长，俊俊让他知道了：这个世界还是有爱、有温暖存在的。小飞也学会了用一颗炽热的真心去对待别人，尊重别人，他的真诚和友善使他赢得了同龄人的尊重和认可。

在美国，有一位中国留学生，他常常在课余时间帮一家中型西餐厅洗碟子。厨房的管理员是一位典型的美国人，他很慷慨大方，但是他最大的特点就是很爱唠叨。他经常在留学生工作时，站在旁边"演讲"："你太幸运了，美国政府批准你来我们这里读书，我又给你一份工作和食物，现在你连吃饭钱都省了……"这位留学生始终保持着沉默。有一次，这位管理员又重复说这些话时，留学生站起身，指着那管理员说："再说下去，我就一拳打扁你的鼻子。"从此以后，那位管理员再也没有说过这样的话。因为他明白了人的忍耐是有限度的，他更加知道了尊重是相互的，只有自己尊重了别人，别人才会尊重你。

以上两个故事都明确说明了尊重赋予生命的意义：只有真正学会尊重他人，才能得到他人的尊重，最终才不会使自己受到损失。因为尊重别人，最后的受益者会是自己，它会为你赢得很多宝贵的东西，如友情、爱情、机会等等。有位名人曾说：对一个有优秀才能的人来说，懂得平等待人，是最伟大、最真正的品质。要真正做到尊重他人，首先必须要平等地对待身边的每一个人。

国际心理学权威专家研究表明，生活中的每一个人都有爱心和受尊

重的渴望，交友和被人尊重的欲望也非常强烈。每一个人都渴望自强、自立，成为激烈竞争中真正的一分子，平等地同他人进行沟通。惠特曼说："对人不尊敬，首先就是对自己的不尊敬。"青少年朋友，如果你能以一种富有爱心的姿态与父母、朋友、老师真诚沟通，对方会觉得受到了尊重，而从心底里赞美你；与之相反，如果你高人一等地与人沟通，对方会感到自尊心受到了严重地伤害而拒绝再与你交往。要知道，尊重他人，才能得到尊重。

21世纪的青少年朋友们，知道吗，学会尊重他人不仅是一种态度，也是一种自身的能力和美德，它的基础就是为他人着想、给别人面子并维护别人的自尊。在现实生活中，每个人都有自尊心，如果你想要别人尊重你，首先就得尊重别人。如今的社会，是一个提倡文明的社会。一个不懂得尊重别人的人，是绝对无法在这个社会上立足的。生活需要用真心去对待，也需要我们用真诚的心去尊重。

3 忍耐——自强的另一种境界

忍耐是一剂良药，它能使自己镇静，酝酿成功。常言说："大忍大益，小忍小益，不忍不益，忍耐的过程是辛酸苦涩的，忍耐的结果往往是美好的。"学会忍耐，受益一生。古人云：忍一时，强一世。讲的也是这个道理。

我们常说，凡成大事者都有超凡的忍耐力。勾践卧薪尝胆，韩信胯下之辱，孙膑装疯卖傻，这样的忍耐力可以说已经达到了登峰造极的境界。青少年能够学会忍耐更是显得难能可贵。忍耐力是一种看似静态无形，实质上却能掀起轩然大波的力量，它往往让人防不胜防。青少年可能会由于涉世未深而不懂得忍耐的真正内涵，其实忍耐不是终点，它只

是为了让自己更好地达到目的。懂得忍耐的人不是优柔寡断，而是理性、有头脑。

§忍耐是制胜的法宝

能坚忍者必成大事。坚忍是一种明退暗进，更是一种蓄势待发。青少年今天的坚忍是为了明天更大的成功。忍耐是很不容易的事情。“忍”字就是“心”上面加上一把“刀”。我国有句古话，叫“忍得一时之气，可消百日之忧”，又有句话叫“大丈夫能屈能伸”，讲的都是忍耐和忍辱的道理。忍辱貌似屈辱、怯懦，但与后者最大的区别在于懂得“有所为”和“有所不为”。忍耐则是青少年走向成功的法宝。

忍耐对青少年来说是一种磨砺，是一种意志力的体现，是人与环境、事物对抗的心理因素、物质因素的总和。两军对阵勇者胜，两军相持久者胜。忍耐的收获便是柳暗花明。青少年今天的忍耐是为了明天的成功。

越王勾践曾经卧薪尝胆，自污事敌，终于复国报仇。这就是一个最好的注解。自古以来，“慷慨赴死易”而“从容就义难”。有时，坚持活着比选择死亡需要更大的勇气。“忍人所难忍，才能成别人所难成；忍人所不能忍，才能成别人所不能成。”

青少年要忍而有度，人不可以有傲气，但绝对不能没有傲骨！忍小节，成大事。《墨子·扬朱》篇说：“要办成大事的人，不会去计较小事。”孔子诫子路曰：“齿刚则折，舌柔则存。柔必胜刚，弱必胜强。好斗必伤，好勇必亡。百行之本，忍之为上。”这些事例告诉青少年，一个人若无法忍受小事，就失去了成就伟大理想的机会。

很多青少年认为，忍耐是软弱可欺。而实质上，忍耐是一种修养，它是在经历了暴风雨的洗礼后，自然培养出的一种涵养。忍耐能够磨炼人的意志，使人处事沉稳，面临厄运而泰然自若，面对毁誉而不卑不亢。忍耐使人变得刚直不阿，淡泊名利，还可以使人以坚强的心志和从容的步履走过岁月，走过人生。假如失去了忍耐，就会造成可悲的结局。由于每个人所处的环境、地位和文化水平不同，所以青少年要忍耐生活给自己的压力和困难，让自己在成功的路上走得更平稳，让

自己更强。

§忍耐是自强人生的基石

对青少年来说，忍耐是必须具备的品质。大家都知道俞敏洪是千万富豪、亿万富翁，但又有几个人知道俞敏洪这样一类创业者是怎样成为千万富翁、亿万富翁的呢？他们在成为千万富翁、亿万富翁的道路上，付出了怎样的代价，付出了怎样的努力，忍受了多少别人不能够忍受的憋闷、屈辱、痛苦？有多少人愿付出与他们一样的代价，取得像他们一样的成功？

俞敏洪成功了，成了千万富翁，是因为他能忍常人不能忍之事，因为他懂得忍耐是为了更大的成功。他也向往忍耐之后的美丽阳光。坚忍卓绝的意志，强毅不屈的气度，才是使他能够在这充满战火气息的当今社会中，成为真正的强者与成功者。忍耐是成功的前奏，忍耐也是人类最伟大的品质之一。青少年学会忍耐，就是学会不做蠢事，就是学会不做那种一时痛快但终生遗憾的事。学会忍耐，才能忍一时之气，在忍耐的奋斗中实现自己的理想。

《呻吟语》中指出："忍激二字是福祸关。"忍是忍耐；激是激动，二者的区别在于能不能克制。能克制就能得福，不能克制就可能带来灾祸。汉字形象而生动地诠释了"忍"字，心字头上一把利刃，放得下刀的心胸会是多么宽广。生活中的困难在人们的心中埋下了太多的隐痛，忍耐却告诉人们：风雨过后，风平浪静，暴风雨之后的天空格外明亮、清新。我们要学会忍耐，学会在忍耐中锲而不舍地追求，在忍耐中更深刻地感受人生、品味生活。身处逆境，一时无力扭转艰难的局面，那么最好的答案就是：学会忍耐。因为学会忍耐就会无限地接近成功，这是必然的。忍耐是一种修养，忍耐是在经历了人生的暴风骤雨之后，自然生成的一种涵养。忍耐能够磨炼人的意志，使人处事沉稳，临厄运而泰然自若，对毁誉不卑不亢。可忍耐是痛苦的，它压抑了人性本能的欢乐。学会忍耐就是要把主要的精力放在生命的价值上，让自己的人生更充实，让生命更精彩。对于青少年来说，当身处困境、碰到难题时，想想自己的重大目标吧！为了大目标，一切都可以忍！千万别为一时之气而放弃长远目标。

对于青少年来说，忍耐不是消极颓废，而是在长久的沉默中悄然郁积的寂寞，是爆发力的积蓄，是用默无声息的奋斗冲破困难的罗网，是用无形无影的热血融化坚冰，在忍耐中拼搏向上。青少年倔强的心灵，在忍耐中经受着考验，在忍耐中学会坚强，在忍耐中自强不息地奋力成长。

4 尊敬师长，孝敬父母

尊敬师长、孝敬父母是一种伟大的情感。人最宝贵的是生命，因为它对于我们只有一次。一个人从呱呱坠地一直到长大成材，这期间需要父母、亲人付出大量心血与操劳，需要学校老师进行辛勤地培养和教诲，也离不开生活的环境及朝夕相处的朋友。青少年要正确处理好与老师、家长、朋友的关系，尊敬师长、孝敬父母的品质就显得尤为重要。

尊敬师长、孝敬父母是中华民族的传统美德，是一种中国传统文化最基本的价值观，它的核心理念是通过孝敬父母和尊敬师长，培养青少年的爱心、感恩之心。

§ 尊敬师长

老师教给青少年文化知识，青少年要对老师要常怀感恩之心。是老师帮你开启了知识的大门，是老师让你懂得了在生活中如何去面对困难，是老师让你理解了受到别人的恩惠，当涌泉相报，是老师从青丝到白发，在三尺讲台上教书育人。青少年要懂得对辛苦付出的老师有感激之情。

春秋时期，孔子得知他的学生宫敬叔奉鲁国国君之命，前去周朝京都洛阳朝拜天子，觉得这是个向老子请教“礼制”学识的机会，于是征得鲁昭公的同意后，和宫敬叔同行。到达京都的第二天，孔子便徒步前去拜望老子。正在书写《道德经》的老子听说誉满天下的孔丘前来求教，忙放下手中刀笔，整顿衣冠出迎。孔子看见大门里出来一位精神矍铄的老人，料想便是老子，急趋向前，恭恭敬敬地向老子行了弟子礼。进入大厅之后，孔子再拜后才坐下来。老子问孔子为何事而来，孔子马上离座回应：“我学识浅薄，对古代的‘礼制’一无所知，特地来向老师请教。”老子见孔子这样诚恳，便详细地给他讲述了自己的见解。

回到自己的国家之后，孔子的学生们请求他讲解老子的学识。孔子说道：“老子博古通今，通礼乐之源，明道德之归，确实是我的好老师。”同时还打了比方来赞扬老子：“鸟儿我知道它能飞，鱼儿我知道它能游，野兽我知道它能跑。对于善跑的野兽我可以结网来逮住它，对于会游的鱼儿我可以用丝条缚在鱼钩来钓到它，对于高飞的鸟儿我可以用良箭把它射下来。至于龙，我却不能够知道它是如何乘风云而上天的。老子，其犹龙邪！”这一切都表明了孔子对老子的敬重之情。

§用感恩的心体会母爱

母爱是人类所有的情感中最伟大的一种，是母亲无怨、无偿的付出。儿女是母亲用自己的爱浇灌而成的花草，儿女的成长离不开母亲的每一滴爱。母亲一生都在为儿女护航，默默在儿女背后为儿女指引方向。青少年时代是每个人心理形成的阶段，母爱的伴随是青少年最为有力的防护罩。母爱是无穷的，它形成花朵的海洋，飘荡着诱人的花香；母爱是伟大的，它饱含了深厚的意义，酝酿着你我。“世上只有妈妈好，有妈的孩子像个宝，没妈的孩子像棵草。”青少年在接受爱的过程中，要学会用感恩的心去孝敬母亲。

在现实社会中，有的母亲外出打工供子女上学，有的母亲和孩子一同求学……无论关爱孩子的方式有多么不一样，母爱都是一成不变的。俗话说：“滴水之恩，涌泉相报。”感恩是每一个青少年都必须拥有的品质，对身边的一切感恩，尤其是对母亲，因为她付出的不仅仅是“一滴

水”。青少年时代，每个人都会经历叛逆期，在这期间每个做母亲的都怕自己的孩子走偏路，总是无时无刻不在孩子身边加以提点。这个时期是母爱的消耗期，所以青少年要懂得对母爱感恩，对自己的母亲感恩，孝敬母亲。

古往今来有很多名人志士、文人墨客对母爱展开了无尽地颂赞。诗人孟郊一首《游子吟》对母爱的歌颂，千百年来依然被人们所传颂：“慈母手中线，游子身上衣。临行密密缝，意恐迟迟归。谁言寸草心，报得三春晖。”母爱的浓烈与厚重在此便可一一体现。孟郊尽管历经坎坷，但母亲的音容笑貌却时刻令他魂牵梦萦。当他得知母亲要来时，那掩盖不住的笑容、按捺不住的喜悦，抖落衣冠上的风霜，拂去心头积淀的思念的风尘，携妻带雏，到溧阳城外迎接母亲。那一刻，处处洋溢着儿子不尽的思念。母子相依，热泪盈眶，握着妈妈温暖的双手，望着母亲苍老的容颜，他不禁感慨万千，提笔赋诗，情思涌动。这首熔铸思念、饱含母爱的《游子吟》，感人至深、诚挚深切，是一个传诵千年的佳篇。

§感悟父爱，心存感激

若说母爱像是大海一样宽容博大，那么父爱就像一座高山，深沉、刚强。父爱也许是严肃的，有时也许不近人情，但爱就是爱，即使表现的方式不一样，其本质永远都是一样的。父爱就像冬日里的一缕阳光，让你即使处在寒冷的天地也能温暖如春；父爱是一眼清泉，让你的心灵即使蒙上岁月的风尘，依然被洗刷得纯洁明净。父爱同母爱一样的无私，不求任何回报。父爱是默默无闻的，寓于无形的一种感情，只有用心才能体会到。父爱也是一种精神，他让人在成长的过程中有所依靠；父爱是一种力量，他让人在前进的路途中勇气倍增；父爱是一种人格，他教导人们在风雨人生中闲庭信步。父爱给人以前进的力量。

作为青少年，需要理解掩藏在表象下的父爱。因父爱在你的人生中扮演的不是拐杖而是绳索，他会在绳索的另一端看着你前行。也许你曾因父亲与你的理想不符而反对过父亲，逃避过父亲的严厉，排斥过父亲在同学面前为你递过的零食……这些都没什么，没有一个父亲会怪罪自

己的孩子。在你成长的过程里，只有理解父爱，你才能接受父爱并孝敬父亲，父亲是你自强之路上最好的支持者。

在青少年成长的过程中要学习的东西有很多，感恩、感谢、感激……都是必学的课程。老师、父母都会无私地给予青少年爱。但若你懂得感激老师对你的严厉，懂得母亲对你的指责，懂得父亲的苛刻，你才能真正领悟他们对你的爱的真谛。尊敬老师，体恤父母，这些品质会让你在自强的路上走得更顺利。

5 严于律己，宽以待人

人生是一条充满荆棘的长路，那么作为青少年要怎样走？过怎样的人生？这完全取决于自己的选择，只有自己才能赋予生命最佳的诠释。每个人都想要拥有成功的人生，然而成功需要严格要求自己，使自己拥有成功的前提。在奋斗的过程中，难免会遇到和朋友之间的种种摩擦，所以，青少年在自强的道路上要严于律己，宽以待人。

对于青少年来说，严于律己、宽以待人是一门必须学习的课程。青少年在学习成长的过程中，为了使自己将来更成功地实现自己的理想，一定要严于律己。

青少年互相之间的友谊和交往，本来是很单纯、美丽的，它凝聚着彼此的思想、情感。但在其中难免会出现冲突、摩擦，在这时青少年要懂得宽容别人、谅解别人。待人处世，若没有宽容，就没有了友情，没有了宽容就失去了善。宽以待人是一种美德，一种修养，青少年学会了宽容，生活里就会多一些晴朗的幸福。

§ 严于律己是一种品质

严格要求自己，能使青少年通过学习获得更大的力量，可以使自己的生活充满阳光，帮助自己走向成功。然而，学习生活是一条漫长的道路，更是无止境的。青少年时代是为以后人生打好基础的重要时期，青少年摆正学习的心态和心理素质，对于未来的人生有着很大的影响力。在严于律己的学习中不断地提升自我，完善自我，使自己更强，是青少年对人生应有的态度。

青少年要树立远大理想，在生活中严格要求自己。一些青少年有着这样一句口头禅："大错不犯，小错不断，气死领导，难倒法院。"以为是小毛病、小问题，没有什么大不了的，但是小毛病、小问题却往往铸成大错。无数事实证明，犯罪心理都是由量变形成的。青少年要知道任何错误都有一个发生和发展的过程，所以青少年要从生活中一点一滴的小事做起，勿以恶小而为之，勿以善小而不为，小恶之后就会是弥天大罪，严于律己的小善之后却是以后人生的成功、大有所为。

青少年要培养健康的兴趣和爱好，养成良好的生活方式。健康的兴趣爱好，能使青少年学有所长，拓宽视野。多进行户外活动，多参加群体性活动，比如学音乐，参加篮球、网球的体育锻炼等。青少年时期是一个人生活习惯的形成时期，养成了好习惯，则能受益终身。同时，好的生活习惯，对健康的身体也是大有益处的，是成年后的生命质量的重要保证。

严于律己是青少年自强的重要前提。在生活中多要求自己，多培养良好的生活习惯对青少年的成长是大有裨益的。

§ 宽以待人是一种胸怀

"宰相肚里能撑船，将军额头能跑马"，这句话是对有宽大胸襟的人们的赞美。古往今来，生活中有不少这样胸怀宽广的人。宽容是荆棘丛中长出来的一抹最高雅的淡红，你对别人宽容一点，其实就是给自己留下来一片海阔天空。然而，有些血气方刚的青少年，往往爱意

气用事。同学之间不经意的一句话或是一个动作，都能让他们在心里“怀恨”几天。不懂得宽容他人，对青少年的成长是十分不利的。不会宽容别人的人，同时也是一个不配受到别人宽容的人。因此，青少年朋友应该放宽自己的胸怀，宽容别人的过错，同时也提升了自己，何乐而不为呢?

青少年能做到将心比心，宽容他人，不难为他人是一种美德。这种美德能够感化人，提升人们之间的互助亲善关系，让社会形成一种宽厚、达观地向善风气，小人就可能不会产生，阴暗的东西就会少一些，自己有了不幸的时候，也更容易得到他人的帮助。在关键的时候、特殊的时候帮助了他人，他人会终生记住你。反过来看，难为人，苛责人，不饶人，不仅没有好处，还会给自己的生活带来一些负面影响。

人若不讲理，是一个缺点；人硬讲理，又是一个盲点。很多时候，理直气“和”远比理直气“壮”更能说服、改变他人。郑板桥说得好：“退一步天地宽，让一招前途广。”

有一辆汽车途经一个小村庄时，一个中年农妇突然小跑着横穿马路，大卡车来了个急刹车，差点撞着农妇的屁股。农妇火冒三丈，冲到驾驶室前对司机没完没了地臭骂。

司机不还嘴，点燃一支烟慢慢地吸着，听农妇一直骂，等农妇骂累了，司机才慢慢地说：“若我刚才刹车晚了轧死你，这会儿你还能骂吗?”农妇一时语噎，无话可说了。

青少年在日常生活当中一定切记：得饶人处且饶人，留一点余地给得罪你的人，给对方一个台阶下。宽容忍让是一种修养，一种博大的胸怀，一种超然洒脱的态度，也是一种优秀的品德，一种人生个性最高的境界。

宽容能带给青少年快乐的心情和安全感，因为宽容别人可以化解心中的伤害和痛苦。但如果你无法承受这种伤害和痛苦，总是怀着一颗不能谅解、不能宽容的心，那么你就是脆弱的，就没办法做到坚强。宽容是一份礼物；而且是互惠的，它可以让付出的人感到痛苦的缓解。在生活中谁都有出差错的时候，宽以待人，即是给别人留余地，也是给自己留余地。宽以待人，是青少年自强之路上重要的品质。

严于律己、宽以待人是青少年很重要的品质。一个人在严于律己中才能更快地提高自己。法国作家雨果说过："世界上最广阔的是海洋，比海洋更广阔的是天空，比天空更广阔的是人的胸怀。"人的心就像一个有无限空间的盒子，只要你愿意，没有什么装不下。人生苦短，又何必把时间浪费在无谓的纷争上呢？严于律己、宽以待人会让青少年的生活更幸福，也会让自己更强大。

6 拒绝自私，给予比接受更快乐

给予是一种奇妙的力量，它可传递温暖，还能够创造奇迹。青少年奉献出爱心，能体现自己的人生价值，更能让自己的心灵得到洗涤。在这个纷乱复杂的世界里，唯一能够让大家维系在一起的便是互相给予。青少年是一个年轻又充满活力的群体，你们的爱心定更具有号召力和感染力，所以更要用自己的行动来让世界充满爱。青少年应该明白奉献爱心的价值和意义，哪怕是用自己微薄的力量付出自己所拥有的一点热量，也能发挥出神奇的效果。

青少年在生活中要懂得帮助人是快乐的。世界上需要爱，有爱让人不再觉得世界冷漠，让人不会觉得孤单，充满爱的世界是每个人心中的理想世界。懂得付出是青少年自强之路上的重要品质。

§ 给予是一种能力

在别人需要帮助时，去帮助别人有提升心境的作用。当受助者的痛苦消除并开始快乐起来的时候，助人者同样会受到这种情绪的感染，使自己也变得更加愉快。给予是一种能力，是一种幸福！

一头驮着沉重货物的驴，气喘吁吁地请求只驮了一点货物的马：“帮我驮一点东西吧。对你来说，这不算什么，可对我来说，却可以减轻不少负担，对我是有很大帮助的。”

马很不高兴地拒绝道：“你凭什么让我帮你驮东西？我愿意自己轻松呢。”

时隔不久，驴不堪重负累死了。主人将驴背上的所有货物全部放在马背上，马自此懊悔不已。

在现实生活中，别人的好坏与我们息息相关。别人的不幸不能给我们带来快乐，相反，在帮助别人的时候，同时也是在帮我们自己。

很多的青少年都有一副乐于助人的热心肠。有的人生活困难，他们毫不犹豫慷慨相助：公共汽车上，主动地给老弱病残让座；过马路时，总不忘记帮助年迈的人一把；遇到迷路的陌生人，总会给人家热心的指点……在他们的眼中，帮助别人是一件非常快乐的事。看到别人因自己的帮助而摆脱困境，看到别人因自己的帮助而就此振作，看到别人因自己的帮助而高兴、快乐，有谁不感到幸福呢？这些爱帮助别人的人也时时处处被别人尊敬着，走到哪里，哪里就有朋友。在他们遇到困难时，也总能得到别人的热情帮助。

对于处在困境中的人来说，一次爱心的援助，带给他们的不仅仅是帮助，更是生活的温暖和未来的希望。在给受助者提供物质帮助时，更是传递了一份爱心，拉近了心与心的距离。给予是青少年一种生命价值的集中体现。

青少年要记住，当你给朋友一份快乐时，你就拥有了两份快乐。伸出你的手，伸出我的手，让我们相互帮助，相互快乐，相互关怀，让我们放弃自私，人人都献出一份爱，把生活变得更加美好、幸福！

§给予更快乐

每一个人来到这个世界的价值各不相同。有的人在洪炉旁淬火煅钢，奉献青春；有的人在田野里默默耕作，收获良田；有的人在市场大潮中乘风破浪，大显身手；有的人有一个轰轰烈烈的生，却留下一个默默无闻的死；有的人有一个默默无闻的生，却留下一个轰轰烈烈的死；有的人显赫一时，却只能

成为匆匆的历史过客；有的人潦倒终生，却成为历史灿烂星空的泰斗。这一切都体现在你如何对待生命，如何在生活中实现生命的价值。

人的生命只有一次，是宝贵的，青少年要做的，不是要在这有限的生命里学会如何享乐，而是要懂得在这有限的时间里，如何让自己活得更有价值、更快乐。在你年老时，回想起自己一生的历程，所度过的风风雨雨，虽然历经坎坷，但你过得很快乐，很充实，同时会觉得这一生没有白白浪费。

生命的目的在于给予。我们做人到底拥有多少成功和快乐，这要取决于我们到底付出了多少。做人最博大的自由是给予，给予能让自己在生活里更快乐，未来也会更加美好！

给予对一个人来说是一种心态，是一种精神，是一种生活的境界。给予是一种能力，而不是对象，给予是一种主动行为，它包括尊重、了解、责任、照顾……给予是爱心传递的方式。拥有一颗乐于助人的心，生活就会更快乐。

7 学会思考，有思考才会有进步

思考是发现问题的源泉。只要青少年对自己身边的事物多观察、勤思考，就能够发现矛盾，分析矛盾，就能提出自己新的想法。如果青少年对自己的学习、生活中出现的问题患“不敏感症”，对很多现象熟视无睹，就提不出新的想法，也就不会有新的突破。

善于思考的人，总是能运用所掌握的知识去发现真理。因为他们知道，思考是人类最大的乐趣之一。青少年正处于学知识的黄金阶段，在学习的时候，青少年千万不要埋头苦“学”，一定要学会思考，并且善于思考。做每一件事的时候，想一下为什么要这样做，有没有别的更好

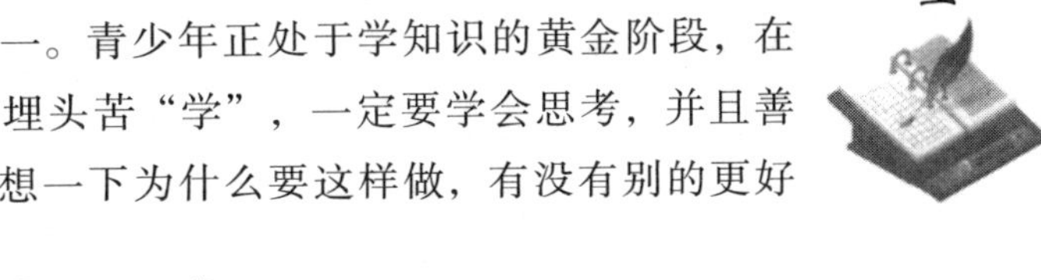

的方法，如果不这样做会有什么结果……要懂得，只有想不到，没有做不到。人与人之间最大的差距就在于谁思考得深、思考得多、思考得对。善于思考才会有进步，才能在人生路上更强。

§智慧源于思考

每个青少年都想让上帝赐予自己卓越的智慧，因为智慧是很美好的东西，值得人们毕生去追求。然而追求智慧，就一定要学会科学的思考，不然就难以避免愚昧或可笑。青少年要明智思考，用智慧指导自己的生活，让自己更强。

思考是青少年生活中的一个重要环节，正确思考会引导你走向正确的道路。青少年在面临人生的抉择或迷失自我方向的同时，冷静且理智地思考，是影响你最重要的关键。因为那时的你，也许心慌意乱，也许彷徨无知，也许你根本听不进别人对你的良言，你的思绪随着心情一起摇摆不定，纷乱不能自已，若做了错误的选择或是自暴自弃，将会使你的人生偏离原有的航向。

因此，思考一些有意义、正确而又有理的问题，经过大脑的冷静处理后，就会变为你终身受用的智慧。

一只青蛙看到了一只蜈蚣，它跳到蜈蚣身边，很好奇地问："蜈蚣呀，我一直很疑惑，你们蜈蚣走路时到底先迈的是哪一只脚？"顿时，蜈蚣就趴在那儿了。过了很久，他才回过神来，又开始爬起来，蜈蚣说："青蛙，你以后千万别问其他蜈蚣这个问题，要不然他们就不会走路了。"

这个寓言幽默讽刺那些只思考无谓的、无意义的问题的人。这些人只会让人感到问题的愚昧和无知。当然，他们也不是有智慧的人。所以，青少年要懂得在生活中做有益的思考。

智慧的人善于思考，在生活中常常思考的人多智慧。因此，慧者处世时，能从容淡定，左右逢源，有深度，有力度，有高度，需要斗智时斗智，需要斗勇时则斗勇。智慧之人，有着明智之举，可以冷静地思考，处理一些困难。

青少年有着叛逆、迷茫、矛盾、冲动的心态，对周围的世界充满了好奇，总有着蠢蠢欲动的想法。可同时青少年对认知事情还不成熟。一旦思考的问题、思考的方向出现了错误，那将是一种可怕的误导，而不能被称为智慧。因此，青少年明智的思考是必要的，尤其是思考的方向。青少年在思考的时候不要胡思乱想，往往一件很简单的事情，却会被复杂化，造成误会又无法得到谅解，就会产生不可挽救的悲剧。青少年在生活中要时时调节自己的心情，学会科学思考，这样才能让自己在生活中更进步、更强。

§ 多思考才会有新突破

青少年若只思考而不行动，那是纯粹的空想，是永远不可能成为成功者的。在生活中，一个人一旦有了清晰的目标，首先就要学会分解自己的目标，然后立刻采取行动达成这些小目标，并不断地进行修正再修正。如此努力下去，你会发现，你离成功越来越近。

任何人要想成就一番事业都离不开思考。提出相对论的爱因斯坦就是经过了10年的思考，他的名言就是："思考、思考、再思考。"著作《物种起源》广为流传的达尔文也经历了11年的酝酿，从撰写到出版又先后经历了17年，耗尽毕生精力才创立进化论。至于牛顿为什么能从苹果落地想到万有引力定律，他也指出："我并没有什么方法，只是对于一件事情做长时间的思考罢了。"而革命导师马克思为了创作《资本论》，更是花了40年时间思考。同样，英国著名物理学家卢瑟福最早完成了原子弹核裂变实验，一天晚上看见他的学生还伏在工作台上，便问他干什么，当他听到学生晚上、白天和早上一直都在工作时，便问道："这样一来，你用什么时间思考呢？"因此，名人培根说了这样一句名言："勤于思考是一种美德。"

青少年应该明白，人类社会，千姿百态，千奇百怪；人类历史，纷纭复杂，波澜壮阔，没有哪一种思想是一成不变的，是永远正确的。社会在不断地发展，人类在不停地前进，但总有一种或几种思想更接近于人类前进的历史事实。前车之鉴，就是后世之师。历史上许多伟大的人物，他们伟大是因为他们有伟大的思想。青少年要想以后成为卓有成就的人，就必须从现在用心去观察、去思考，用眼去关注、去发现，用手

去创造、去实践，让自己变得更强。

小提示

处于学习阶段的青少年，目标要清晰。在达到目标的时候，不断地思考着犯了错的问题，并采取一些行动去纠正它、完成它。善于思考、敢于行动的人，往往会取得一些成就，并在某方面有着自己独特的见解。青少年应该养成思考并行动的习惯，这有助于自己以后人生的发展，最重要的是，要坚持，要有毅力，才能通向自强的道路，迎来更加灿烂的人生。

8 懂得沟通，你会得到更多

沟通是一门学问、一门艺术。说沟通是学问是因为任何沟通都是有其本身的目的。把握住沟通的目的，同时掌握沟通的要领，将相互的理解或者思想表达出来，是需要练习和实践的。青少年若在不同的社会交往过程中懂得沟通，便能学习到更多的智慧。

在日常生活中，沟通是拉近人与人之间距离的纽带。沟通有着神奇的力量，它能让误解变成谅解，把阻力变为动力。青少年由于思想上不成熟和心理上的叛逆，十分缺乏与人沟通的能力。因此对青少年来说，学会沟通就显得尤为重要。沟通能让青少年增加彼此的信任和理解，一次成功的沟通不仅可以让青少年少些偏激，多些感激，还可能改变青少年的处世风格和习惯。

§沟通架起心灵的桥梁

科学研究指出：一个人在醒着的时候，每天大约有70％的时间都花在各种各样的沟通上，早晨问好、吃饭闲聊、邀约、打电话、发短信

或邮件、分享、看书、走亲访友等，沟通可谓无处不在、无时不在。而在这个世界上，最浪费时间的，就是处理不良的人际关系。人与人之间的沟通在一个人的生活中的位置是非常重要的。

每个青少年都不可能独立地孤活于世，尤其是今天这个时代，更需要理解与沟通。心灵的默契，言语的合拍，动作的和谐，不是每个人都能悟得到的。因为每个人所处的环境不同，只有打开心门，坦诚相待，沟通，再沟通，简单的事情重复做，人与人之间才能多些理解，少些误会，才会使家庭和睦，友谊长久，学习进步，让自己更强。

和谐沟通，能增进人与人之间的感情。青少年的某些观点可能会与父母发生冲突，这就是很多人所说的“代沟”。这时如果沟通不善，就会产生矛盾，矛盾过激甚至还会产生不良后果。遇到这种情况，沟通就会占据主导地位。作为子女要体谅父母的关心，有效的沟通能给人更温暖的感觉。

朋友是人生中必不可少的一部分。朋友间可谈天说地，无论市井百态，光怪陆离，喜怒哀乐，人生理想，都是朋友间沟通的内容。朋友之间学会沟通，才能保持友谊长存，也能让自己的生活更丰富多彩。

在青少年的生活中，沟通无处不在，青少年要细细体会其中的奥妙。学会沟通，方可成就自我。若生活中没有沟通就没有快乐人生。沟通是通往彼此心灵的桥梁，是促进情感交流的一种方式。良好的沟通，让青少年处处畅通无阻、生活更幸福。

§ 学会沟通，畅通无阻

英国作家萧伯纳很生动地说道：“如果你有一个苹果，我也有一个苹果，彼此交换，那么每人只有一个苹果；如果你有一种思想，我有一种思想，彼此交换，每个人就有了两种、甚至多于两种的思想。”青少年在沟通的过程中能学习到很多的智慧，懂得了沟通，你的生活也会更幸福精彩。

文字有时很有意思，如“我”这个字，是“手”和“戈”。“我”字竟然就是“每个人手上都拿着刀剑、武器”。所以每个人都常做“自我防卫”，来保护自己。但是，在沟通时，人除了防卫自己之外，也要站

在别人的立场来想，善用“同理心”，也学习控制自己的“舌头”。在适当的时候说一些话，在必要的时候沉默，这也是一种沟通。

生活中每个人都希望被赞美、被肯定、被认同；而不喜欢被否定、被轻视。所以，即使和别人的意见有不同，但必须做到“异中求同、圆融沟通”，并且在沟通的过程之中一定要讲究方式。

青少年若想与谁沟通，首先要向对方展示自己的友好与意愿。通常情况下，任何人都不会拒绝一个微笑。接下来的对话，要注意自己说话时的语气与状态，热情有度，不卑不亢，谦虚温和，这样的人通常是不会被拒绝的。

青少年要小心说话而且要“说好话”，话说出口之前先思考一下，不要莽莽撞撞地把话说出去。事情再怎么急迫，也要清楚地让大家知道问题及其来龙去脉。在沟通中一定要把握好方法，以学习到更多的智慧。

小提示

在生活中沟通有很多，沟通是信息传递的重要方式，是青少年在生活中获取知识的一个重要途径。在同别人沟通的过程中，可以向别人学习，不断地完善自我。此外，青少年在沟通中一定要学会倾听，它是生命中不可或缺的一个章节。懂得沟通的你会在自强的路上走更稳、更顺利。